科技创新战略研究专项：ZLY2015005

中国的众创、众筹、众包、众扶平台

——基于创新创业视角的分析研究

张志宏　主编

科学技术文献出版社

SCIENTIFIC AND TECHNICAL DOCUMENTATION PRESS

·北京·

图书在版编目（CIP）数据

中国的众创、众筹、众包、众扶平台：基于创新创业视角的分析研究 / 张志宏主编. —北京：科学技术文献出版社，2017.4

ISBN 978-7-5189-2567-4

Ⅰ.①中⋯　Ⅱ.①张⋯　Ⅲ.①创业—研究—中国　②融资模式—研究—中国

Ⅳ.① F249.214　② F832.48

中国版本图书馆 CIP 数据核字（2017）第 061856 号

中国的众创、众筹、众包、众扶平台——基于创新创业视角的分析研究

策划编辑：李 蕊　　责任编辑：杨瑞萍　　责任校对：张吲哚　　责任出版：张志平

出 版 者	科学技术文献出版社
地 址	北京市复兴路15号　邮编　100038
编 务 部	（010）58882938，58882087（传真）
发 行 部	（010）58882868，58882874（传真）
邮 购 部	（010）58882873
官方网址	www.stdp.com.cn
发 行 者	科学技术文献出版社发行　全国各地新华书店经销
印 刷 者	北京时尚印佳彩色印刷有限公司
版 次	2017年4月第1版　2017年4月第1次印刷
开 本	710×1000　1/16
字 数	199千
印 张	16.75
书 号	ISBN 978-7-5189-2567-4
定 价	78.00元

版权所有　违法必究

购买本社图书，凡字迹不清、缺页、倒页、脱页者，本社发行部负责调换

编 写 组

组　　长：张志宏

副 组 长：安道昌　张　木　盛延林　李有平　段俊虎

编 写 组：（按姓氏笔画排序）

于　磊　王胜光　方一帆　朱常海　安　磊　孙启新

阳　腾　李文雷　李志远　张　琳　陈　伟　陈　晴

陈志军　林金鹏　周　力　赵大伟　贺毅文　徐　轶

徐示波　郭　雯　郭风华　郭俊峰　黄燕飞

主要执笔人：

王胜光　陈　伟　徐示波　朱常海　孙启新　赵大伟

前　言

　　中国正进入"大众创业、万众创新"的伟大时代，这股滚滚浪潮激发着广大人民群众的智慧和创造力，让有才能的人依靠创新实现了创业梦、创富梦，为社会发展和经济转型升级提供了不竭活力和强大动能。政府积极营造"大众创业、万众创新"良好环境，推进商事制度改革，搭建创新创业服务平台，为市场主体创新创业减负松绑，有效激发了市场活力，营造了良好的创新创业生态。

　　新生的众创、众筹和众包平台发展迅速，已经成为支撑新一轮创新创业的重要力量。当前，中国众创空间已达4298家，与3600余家科技企业孵化器、400多家加速器共同形成企业孵化创新创业生态，服务创业团队和初创企业超过40万家，培育上市挂牌企业近1000家，提供180万个就业岗位，形成以创新创业带动就业的良好局面。同时，全国还有大量的专兼职创业导师服务创业者，还大力发展了创业投资基金。这样，从众创空间、孵化器到产业园区，都有适合中小企业成长的政策环境、创业团队和投融资环境，高新技术产业就能发展起来。

　　为深入理解众创、众筹和众包的内涵模式、功能和变革意义，把握众创、众筹和众包与创新创业的相互关系，科技部火炬中心联合中国科学院科技战略咨询研究院成立联合课题组，在全国范围内选择19个重点省（市、区），针对众创、众筹、众包平台组织了问卷调查，回收有效调查问卷1200多份，同时在北京、杭州、深圳、吉林、西安、青岛等地进行了实地调研，对30家典型平台深入分析。此外，课题组针对典型众扶平台进行详细研究。在深入分析调查数据的基础上，结合科技部火炬中心的权威统计数据，聚焦平台研究，剖析"创新创业中的众创、众筹、众包、众扶问题"，提出创新创业的质量和活力很大程度上受到创新创业平台发展水平限制的论断，为政府进一步出台政策提供参考依据。

目　录

第一章　"四众"平台迎来黄金时代 1

一、"四众"平台蓬勃兴起 2

二、政府市场双重驱动 6

三、平台凸显"双创"活力 9

第二章　众创平台研究 13

一、众创空间的产生与发展 14

二、众创空间的模式和运营情况 19

三、众创空间的作用分析 29

四、众创平台与供给侧结构性改革 50

第三章　众筹平台研究 55

一、众筹平台的产生与发展 56

二、众筹平台的类型与运营情况 61

三、众筹平台的作用分析 65

四、区块链技术与股权众筹 73

第四章　众包平台研究 77

　　一、众包平台的产生与发展 78

　　二、众包平台的模式与运营情况 82

　　三、众包平台的作用分析 87

　　四、国家科研众包平台：中国创新挑战赛 90

第五章　众扶平台研究 99

　　一、众扶的内涵和分类 100

　　二、中国创新创业大赛 102

　　三、科技成果直通车 108

　　四、科技型中小企业成长路线图计划 2.0 111

第六章　"四众"平台的治理与展望 117

　　一、"四众"平台的治理问题 118

　　二、"四众"平台的政策制定 121

　　三、"四众"平台的发展展望 125

附件一　近年出台的"四众"平台相关文件 137

附件二　相关研究报告 178

附件三　调查问卷 192

附件四　参与调研的"四众"平台名单 198

附件五　"四众"平台大事记 251

参考文献 254

第一章

"四众"平台迎来黄金时代

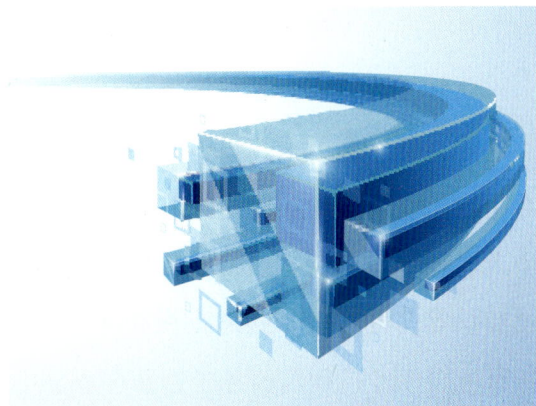

全球新一轮技术经济范式的变革直接催生了在广泛的经济门类和社会参与层面上的创新创业活动，全球分享经济快速增长，基于互联网等方式的创新创业蓬勃兴起，众创、众筹、众包、众扶平台（以下简称"四众"平台）等"大众创业、万众创新"支撑平台快速发展，新模式、新业态不断涌现，线上线下加快融合，成为新范式下支撑和促进创新创业的有效形式，对生产方式、生活方式、治理方式产生了广泛而深刻的影响。

一、"四众"平台蓬勃兴起

众创指通过创新创业服务平台聚集全社会各类创新资源，推动社会创新创业。众筹指通过互联网平台向社会募集资金。众包则是指借助互联网等手段，将传统由特定企业和机构完成的任务，向自愿参与的所有企业和个人进行分工。众扶指通过政府和公益机构支持、企业帮扶援助、个人互助互扶等多种途径，共助小微企业和创业者成长。众创、众筹、众包、众扶从不同角度，积极服务于创新创业和中小微企业的成长。

众创、众筹、众包、众扶逐步平台化。众创、众筹、众包、众扶平台是创新创业的全新组织形态，这是新技术经济范式变革引发的新现象。调查表明，近年来"四众"平台在中国犹如雨后春笋，在 2015 年更是集中爆发。图 1.1 是 19 个参与问卷调研省（市）的"四众"平台成立时间分布图，到统计截止时，各地反馈问卷的"四众"平台总数达 1230 家，其中仅 2015 年以后成立的"四众"平台数量就达 671 家，占所调研平台总数的 54.6%。

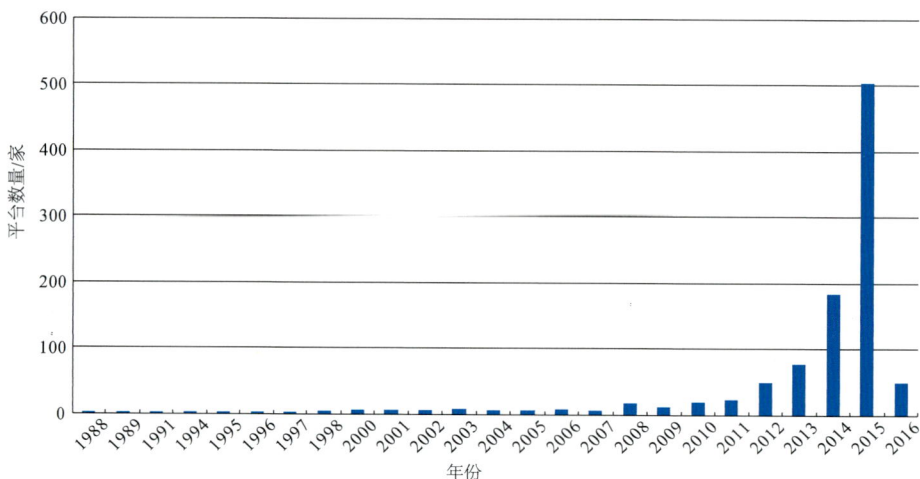

图 1.1　参与调研的众创、众筹、众包平台的成立时间分布

众创平台激发大众直接参与创新创业。以众创空间、新型孵化器、企业内部孵化器等为代表的众创平台,以线上线下相结合的方式,通过创新创业服务平台集聚全社会各类创新资源,大幅降低创新创业成本,使每一个具有科学思维和创新能力的人都可以参与创新,形成大众创造、众智释放的良好局面。

众创平台是帮助广大创业者聚集和链接各类创业资源的孵化平台,能够提供部分或全方位的创业服务,创业者可以专注于核心业务,利于创意和创新成果的快速转化。全球聚焦于创新创业孵化的众创平台发展迅速,在硅谷地区,由创业咖啡、网络孵化器、创客空间等新型众创平台构筑的完善的创新创业生态,不断孕育出引领全球的前沿技术、商业模式和创新企业,成为推动美国经济发展的动力之源。在中国,北京、上海、深圳、杭州、武汉、青岛等地区已经诞生了一大批各具特色的线上线下融合的众创平台,包括创业咖啡、创客空间、创新工场等专业孵化平台。腾讯的开放网络孵化平台已有 500 万开发者创业,开发者分成超百亿。海尔"海创汇"内部创业平台已诞生了400 多个项目,孵化和孕育着 2000 多家创客小微公司。中国已经成为位居全球前列的创业大国。

众包平台改进了传统的创新创业组织方式。适应分享经济发展要求,通过借助互联网等手段,将传统由特定企业和机构完成的任务向自愿参与的所有企业和个人进行分工,最大限度利用大众力量,以更高的效率、更低的成本满足生产及生活服务需求,促进生产方式变革,开拓集智创新、便捷创业、灵活就业的新途径。

众包平台是帮助任意主体将特定任务分包给不特定社会大众的服务对接平台，通过大规模社会化协同，以聚众力、集众智的方式完成特定任务。有"世界最大酒店"之称的民居众包分享平台Airbnb，已拥有来自191个国家的超过150万名房客；通过众包模式分享私家车的Uber平台，已拥有超过百万名司机，成为全球最大的出租车公司。IBM、宝洁等行业巨头也纷纷通过众包模式吸收来自全球的外部研发力量，降低企业研发成本。中国众包发展迅猛，作为最大的创意众包平台，猪八戒网的注册创业者超过1300万，卖家300万，为25个国家和地区提供了380万次定制化创意服务，并提供"猪标局"等线上线下融合的延伸性高增值服务。众包模式还在研发设计、内容创造，以及交通出行、物流快递、教育培训、旅游度假等生活服务领域深入应用，滴滴出行、宝驾出行、人人快递、YY教育、途家网等一大批众包平台企业快速崛起，在中国掀起了分享经济发展的大潮。

众扶平台优化创新创业生态环境。以众扶促创新创业，通过政府和公益机构支持、企业帮扶援助、个人互助互扶等多种方式，共助小微企业和创业者成长，实际上是优化了创新生态，形成了多种资源、多种渠道、多种要素、多种主体共同帮扶中小微企业和创业者团队的良好局面。

互联网时代的众扶有三大特点：①公益性。众扶在本质上区别于商业性质的创业服务，旨在营造分享互助的文化氛围，倡导大众创业、万众创新的公益风尚。②多样性。众扶的发起者既有政府部门，又有公益事业机构、高校和科研院所，还有行业协会、领先企业、社会大众等多元主体，众扶所涉及的资源也涵盖信息、渠道、专利、标准、技术、投资、服务等多个方面。③平台性。线上线下的各类信息资源平台、公共服务平台、社区互助平台等已成为众扶参与者的主要聚集地。目前政府推动了中国创新创业大赛、科技成果直通车等众扶平台，企业也积极推动众扶平台建设，如腾讯、阿里等。

众筹平台有效拓展创新创业融资需求。众筹平台通过互联网平台向社会募集资金，更灵活、高效地满足产品开发、企业成长和个人创业的融资需求，有效增加传统金融体系服务小微企业和创业者的新功能，拓展创新创业投融资新渠道。

众筹平台是个人或企业通过互联网向社会公众或组织募集资金的行为，是中小微企业筹集早期发展资金的重要途径。近年来，众筹在中国发展迅速，已形成产品众筹、股权众筹、债权众筹和公益众筹四大类别。在电子商务龙头企业引领下，产品众筹规模迅速扩大，覆盖消费电子、艺术出版、影视娱乐等多个创意领域。2015年上半年，项目总数超过1.2万个，累计筹款金额达8亿元，同比增长300%。一批极具发展前景的创新创业企业脱颖而出，如小牛机车、三个爸爸净化器等融资超过千万。股权众筹影响较大，受法规限制，目前股权融资平台开展的主要是私募股权融资，与真正意义上大众化、开放式的股权众筹还有较大差距。债权众筹连续翻倍式增长，交易规模4年增长81倍，平台数量增长超过30倍。目前，中国人民银行、证监会、银监会等部门正在加快规范、完善针对股权众筹、网络借贷等融资方式的监管制度。

众创、众筹、众包、众扶平台发展呈现融合创新态势。"四众"平台随着互联网、大数据、分享经济的不断发展，平台自身不断创新并出现了各种"变种"，"四众"平台呈现从功能单一到功能复合的转变，例如，36氪拥有众创、众筹等多种功能，猪八戒网在其传统的众包服务中逐步发展线下众创空间等。越来越多的"四众"平台为创业者提供"空间＋服务＋人才＋资本"的"四位一体"服务，众创、众筹、众包、众扶等平台也从"泾渭分明"走向"融合创新"。本次调查显示，在1230家"四众"平台中，绝大多数众创平台同时也是众筹、众包平台，有78%的平台兼具"众创＋众筹＋众包"多种功能。

专注于初创科技企业的36氪形成了包括股权众筹、FA（财务顾问）融资服务、氪空间和创投媒体之间相互渗透、相互对接的完整业务框架。其中，股权众筹平台与科技创新高度结合，专注于投资风险较高的初创期企业；FA融资服务团队充分利用氪媒体、孵化器（众创空间）等对接投资人与创业者，为双方提供财务顾问服务；氪空间则专注于创业孵化，并为创业者提供早期创业实战培训和指导，为创业者提供资金等资源对接平台，是36氪各个业务的基础；氪媒体充分发挥互联网在信息传播方面的优势，不断为科技型初创企业在市场推广中发挥作用。

二、政府市场双重驱动

中国的"四众"平台之所以得到如此迅猛的发展，一方面是新技术经济范式下新经济规律的体现，其受到新一轮创新创业浪潮的需求拉动，另一方面也是受到党中央、国务院的号召和国家政策的强力推动。因此，中国"四众"平台的快速发展是技术力量、市场力量和政府力量共同作用的结果。

政府高度重视是"四众"平台迅速发展的关键。2014 年 9 月,李克强总理在达沃斯论坛上提出中国要大力鼓励"大众创业、万众创新"的口号;2015 年 3 月,国务院办公厅专门下发了《关于发展众创空间推进大众创新创业的指导意见》;2015 年 9 月国务院又印发了《关于加快构建大众创业万众创新支撑平台的指导意见》(以下简称《指导意见》),明确提出"以众创汇众智搞创新、以众包汇众力增就业、以众扶汇众能助创业、以众筹汇众资促发展",肯定了众创、众包、众扶、众筹等新模式、新业态的意义,并提出加快发展"四众",为社会大众广泛平等参与创新创业、共同分享改革红利和发展成果提供更多元的途径和更广阔的空间。2017 年 7 月,《国务院关于强化实施创新驱动发展战略进一步推进大众创业万众创新深入发展的意见》,明确指出要"充分发挥市场配置资源的决定性作用,整合政府、企业、社会等多方资源,建设众创、众包、众扶、众筹支撑平台,健全创新创业服务体系,推动政策、技术、资本等各类要素向创新创业集聚,充分发挥社会资本作用,以市场化机制促进多元化供给与多样化需求更好对接,实现优化配置"。这些大政方针和政策文件的出台,极大地激发了中央政府各部门、各地方及社会各领域推动"四众"平台发展、促进创新创业的积极性。

简政放权激发了"四众"平台发展的市场活力。中国政府不断转变职能,把过去政府统包统揽,但又管不了、管不好的社会事物承担主体社会化,主动将"空间"交还给市场,从直接管理经济和管理企业的微观管理,转变为发展社会化服务体系、间接服务经济发展的宏观管理。"四众"平台等中介服务体系,就是政府将科技服务工作主动从自身中剥离出来,向撬动引导发展社会化服务体系方面转变的一大尝试。政府对众创平台等逐步从直接投入和直接干预转变为间接投入和间接干预，政府通过政策和其他手段购买"四众"平台的公益性服务。同时，政府还从严格的国家认定转变为备案管理和服务指导，极大地促进了"四众"平台的市场化发展。

市场力量在"四众"平台快速发展中起决定性作用。"四众"平台在服务创新创业的同时，其自身也具有商业价值。例如，众创平台作为一种商业模式，主要以培育企业而创造价值，以发现创业者的潜在价值并培育创业企业的市场价值，来实现众创平台自身的增值。众筹平台在帮助企业互联网筹集资金的同时，平台自身也实现了盈利。"四众"平台越来越成为"有利可图"的事业，以市场为主导的"四众"平台快速发展。

优秀的众创空间受到资本青睐，并得到社会极大关注。2016年年底，共有808家众创空间获得社会资本投资，仅以北京为例，氪空间、创新工场、纳什空间、因果树、优客工场等众创空间累计获得投资已达55亿元。上海众创空间"苏河汇"2015年11月就登陆新三板，成为国内首家登陆新三板的众创空间，北京"创新工场""宏福孵化器""科技寺""赢家伟业"，上海"莘泽"，广东"新基地"，杭州"东部软件园"，安徽"合肥高创"等十余家众创空间和孵化器陆续在新三板成功挂牌。

第四次创业浪潮与"四众"平台

改革开放催生了四次创业浪潮，第一次创业浪潮主要以体制内的城市"边缘人"下海创业为主，第二次创业浪潮主要以政府机构、科研院所和国有企业大批知识分子下海为主，第三次创业浪潮出现在2000年前后，大批海外留学人员归国创业。当前，中国正在经历第四次创业浪潮，此次创业浪潮的兴起呈现由精英走向大众的鲜明特点，出现了以大学生等"90后"年轻创业者、大企业高管及连续创业者、科技人员创业者、留学归国创业者为代表的创业"新四军"，创业成为一种价值追求，一种价值导向、生活方式和时代气息。

第四次创业浪潮需要低成本、分享式创业。目前中国孵化器、众创空间等众创平台数量已跃居世界第一，全力支撑创新创业的能力显现，特别是众创空间的出现，具有低成本、便利化、全要素、开放式特点，极大地满足了"大众创业、万众创新"的需求。创业企业依托移动互联和人工智能技术，极大地满足了人们对分享经济和绿色经济等个性化需求，新技术、新产品、新业态和新经济不断涌现，"双创"已成为经济转型最大的新动能。

三、平台凸显"双创"活力

"四众"平台作为新时期创新创业活动的载体，某种程度上也反映了一定区域内创新创业发生的规模和水平。一般情况下，"四众"平台发展较好的地区，创新创业活动质量更高，也更为活跃。与此同时，如果推动"四众"平台快速发展，对于提升区域创新创业能力也将起到重要作用。

"双创"活跃地区"四众"平台数量众多。"双创"活跃的发达地区，如"北上广深"等特大城市及西安、杭州、武汉、成都等中心城市，其科研力量强，经济发达，产业基础较好，信息技术及支撑能力强，对"四众"平台需求较高，因而"四众"平台发展的数量也相对较多。问卷调查显示，"四众"平台作为一种创新创业服务的新业态，经济先发地区（如北京、上海、深圳和浙江等经济发展水平较高的地区）发展更为迅猛，数量众多（图1.2）。

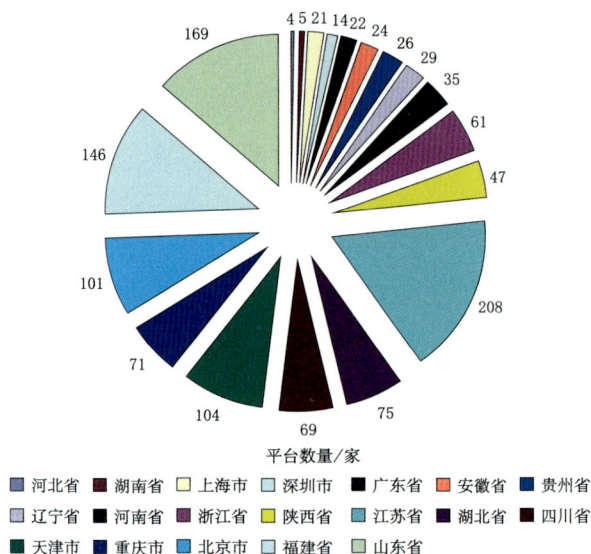

平台数量/家

■ 河北省	■ 湖南省	■ 上海市	■ 深圳市	■ 广东省	■ 安徽省	■ 贵州省
■ 辽宁省	■ 河南省	■ 浙江省	■ 陕西省	■ 江苏省	■ 湖北省	■ 四川省
■ 天津市	■ 重庆市	■ 北京市	■ 福建省	■ 山东省		

图1.2 参与调研的众创、众筹、众包平台的地区分布

全国各地涌现出一批有亮点、有潜力、有特色的众创空间，形成京津冀、长三角、珠三角和成渝等四大集聚区，已经成为大众创业、万众创新的重要阵地和创新创业者的聚集地，呈现蓬勃发展的良好势头。根据科技部火炬中心数据统计，当前众创空间已实现全国所有省份的全覆盖，绝大部分地区充分利用现有场地建设众创空间，提供低成本、便利化、开放式的创业服务，并在长三角（18.0%）、京津冀（13.2%）、珠三角（11.8%）和成渝地区（8.4%）形成众创空间集聚发展，四大创新创业活跃地区的众创空间占全国比例为 51.4%。

"四众"平台提升区域创新创业活力。"四众"平台充分吸引技术、人才、资本、创业服务等要素资源，形成创新资源的传导效应，加速创新资源在区域的有效集聚，帮助资源匮乏地区实现有效创新创业，极大优化了区域创新创业体系建设。特别是近些年成都、重庆、西安等西部城市通过"四众"平台建设，实现了"弯道超车"，和东部地区一样成为创新创业者向往的高地。

成都市近年实施"创业天府"行动，"四众"平台发展作为其中的重要一环，2015 年 5 月 3 日，成都市举行"'创业天府·菁蓉孵化训练营'暨成都市促进众创空间建设推进会"，为蓉创茶馆、十分咖啡、创业场、游戏工场等首批 10 个"成都市众创空间"授牌。2016 年 3 月，按照政府建设，民营机构运营的理念，成都高新区正式启动了 25 万平方米的菁蓉国际广场，是四川省目前面积最大的众创空间，以孵化新技术、培育新业态、实现新价值为核心，实践大企业大集团引领创新创业、校地军民协同创新创业、国际开放合作创新创业、街道社区基层创新创业。截至 2016 年年底，入驻国内外知名新型孵化器 22 家，入驻科技创业企业和团队 410 家，初步建成全国领先的创新创业服务体系。根据成都"创业天府"行动计划，到 2020 年，成都将建成中西部规模最大、孵化能力和服务水平全国一流的创新创业载体群落，创新创业载体数量达到 400 家，载体面积 1500 万平方米以上。

各地方将"四众"平台发展作为重要抓手。2015 年 3 月 2 日，国务院办公厅发布《关于发展众创空间推进大众创新创业的指导意见》（国办发

〔2015〕9 号）和国务院印发《关于大力推进大众创业万众创新若干政策措施的意见》（国发〔2015〕32 号）发布后，发展改革委、科技部、工业和信息化部、人力资源社会保障部、国土资源部等部委纷纷出台支持"双创"政策措施，营造了众创空间建设发展的大好环境，各地也纷纷行动起来，神州大地风潮涌动，为众创空间等"四众"平台迅猛发展拉开了大幕。面对众创空间爆发式的增长，科技部火炬中心根据《科技部关于印发〈发展众创空间工作指引〉的通知》的精神和部署，参照国家级科技企业孵化器的管理服务体系，制定了备案标准和流程，将地方科技管理部门推荐的众创空间纳入管理体系。国家级备案有效推动了各省科技主管部门出台省级众创空间备案办法，如四川省出台了《四川省众创空间备案工作指引》，浙江省出台了《浙江省众创空间管理与评价试行办法》等，一定程度上强化了"四众"平台的规范管理。

"四众"平台促进政府推动创业服务、企业发展。各地方积极出台鼓励"四众"平台发展的政策，大量众创空间、孵化器、技术转移、创业人才等"四众"平台涌现，改变了传统由官办机构提供创业服务的格局，让创业的社会化服务和公共服务共同发力，孵化器、众创空间等众创平台有效降低了创业的边际成本，众扶平台优化了社会创新创业环境，共扶创业企业发展，助推第四次创业浪潮持续发力。

第二章
众创平台研究

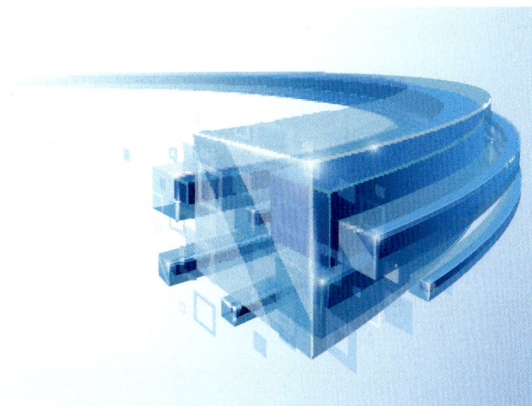

众创平台分为传统众创平台和新型众创平台两类。传统意义上的众创平台包含科技企业孵化器、大学科技园、加速器等创新创业载体，而新型众创平台则以众创空间为主要呈现形式。本书所指的众创平台主要指众创空间等新型创新创业平台，它是"大众创业、万众创新"背景下的产物，对经济社会发展和创新创业有着重要意义。

一、众创空间的产生与发展

有一个地方，它不但是创业者理想的工作、社交和资源共享空间，还是一个能够为创业者提供创业培训、投融资对接、政策申请、工商注册、法律财务等全方位创业服务的生态体系。它，就是众创空间。中国众创空间的兴起和迅猛发展，既是新技术革命、共享经济勃兴的时代产物，也是创新创业强烈需求的结果，同时与政府强有力的推动密不可分。

（一）众创空间的产生背景

众创空间是顺应网络时代创新创业的特点和需求，通过市场化机制、专业化服务和资本化途径构建的低成本、便利化、全要素、开放式的新型创业服务平台的统称。众创空间的产生一方面得益于互联网技术提供的底层技术的支撑，另一方面也是新技术经济范式变革下创新创业频发、群发和大众化的自然结果。

改革开放催生了四次创业浪潮，当前，中国正处于第四次大潮之中。第四次创业浪潮呼唤全民创业，它呈现由精英走向大众的鲜明特点，这一次科技创业浪潮除了前文提及的创业"新四军"，还包括返乡农民工在内的草根群体，他们也越来越多地投身创业，创新创业业已成为一种价值导向、生活方式和时代气息。

就大众创业（众创）而言，个体的创业行为一直都有，甚至可以追溯到公司制度发明之前。虽然历次技术革命都伴随着一波创业浪潮，但在进入互联网时代之前，创业行为总体上来说一直是小众的、自发的和偶发的现象。原因主要有3个方面：一是人类尚未大规模进入知识社会，知识的扩散程度和应用程度较低；二是人类社会的技术、制度和文化受工业文明的框架约束，个体与个体、个体与组织的合作成本高，从而限制创业这一最需要动员与协作的社会活动的发生规模；三是之前历次技术革命时期的创新创业总体上表现为资本密集型和投机驱动型，这也就更进一步缩小了能够开展创新创业的主体范围。

新技术革命为大规模创业提供了可能性。移动互联、大数据、云计算和人工智能技术的不断进步，极大地提高了创业扩散的可能性，从而导致了大规模创新创业现象的涌现。一是互联网促进了知识的传播，极大提升了知识的社会运用程度；二是互联网降低了工业社会受组织边界约束的合作成本，使得大规模的协作可以便捷地发生；三是本次技术革命下的创新创业类型主要是技术密集型和商业模式变革驱动型的，这使得人们更宜于通过智慧和技能开展创业，材料、设备、资本等开始转变到围绕人进行配置。正是由于人、技术、社会等方面的变化，产生了承载大规模创新创业的基础条件，也促进了众创时代的到来。

共享经济为大众创业、万众创新提供了无限可能。一方面，随着市场需求加速升级和个性化消费时代的到来，绿色消费、共享消费、个性消费为大众创新创业提供了巨大的需求空间。例如，以共享自行车为创业项目的 ofo、摩拜公司等，成为新经济企业的新锐。另一方面，共享经济意味着当今创业潮流中，人们对创业的低成本、高效率、便利性更加重视，众创空间正是基于共享经济的一种时代产物。

众创空间运用"开放＋共享"的互联网思维，为创业者提供共享，共享技术、共享空间、共享人才、共享金融，持续吸纳拥有新概念的创业者，在创业生态系统内，把各类创新主体聚合起来自发地沟通、碰撞、协同、分享，聚集天使投资人在短时间内帮助创业者完成从概念到产品、从创意到公司的转变，完成真正意义上的孵化，从而催生一批又一批创业企业的产生。中国存在许多像 WeWork 一样以共享经济为核心的众创空间。例如，优客工场以国际一流联合办公空间为核心，为创新企业提供全产业链服务，建设基于社群的商业社交平台和资源配置平台，充分激发城市创造力阶层的创新活力。

（二）众创空间的发展历程

中国众创空间的诞生和发展大致经历了"积蓄期""前置期"和"爆发期"3 个阶段，众创空间的兴起和发展，是历史性的选择和积淀的结果，而 2015 年则是一个重要时点，在那一年中国众创空间呈爆发态势。

众创空间的"积蓄期"（1987—2010 年）。这一阶段尚无"众创空间"的概念，传统意义上的孵化器部分承担了今天"众创空间"的功能。1987 年中国第一家科技企业孵化器——武汉东湖新技术创业中心成立。科技企业孵化器建设初期，就依托其"官方"背景，在特定历史条件下为民营科技企业撑起了"保护伞"，对科技创业企业和创业者提供了重要的政治支持。科技企业孵化器为创业企业提供起步场地、资金和条件，并提供尽可能的政策扶植、孵化场地、共享服务设施和资金筹集、市场开拓、人员培训、咨询诊断、信息网络、公共关系等孵化服务，减少了企业的创业风险，提高了企业的成活率，形成创业企业发展"局部优化的环境"。到 2010 年年末，中国科技企业孵化器数量已达 896 家，进入孵化器大国行列。

众创空间的"前置期"（2010—2014 年）。大约在 2010 年，国外创客空间的概念逐步被引进到国内。例如，2010 年深圳出现的"柴火创客空间"，是国内"众创空间"的概念源头。2011 年，中关村示范区认定首家创新型孵化器——创新工场。创新工场第一次将硅谷创投孵化模式引进中国，开启了该模式在中国扩展的序幕。此后，中关村示范区又陆续认定了一批创新型孵化器，包括车库咖啡、天使汇、36 氪、创客空间等，并引发业界和社会关注。在认定创新型孵化器工作的基础上，中关村管委会对创新型孵化器的概念、内涵和功能也做了多方面的研究和阐释，这些概念和内涵在后来也大多成为众创空间的内涵解释。受这些先发机构的实践探索和示范作用的影响，以及受相关部委和部分地区政府的倡导和推动，在这一阶段众创空间的形态和运营模式日渐清晰。2013 年，科技部火炬中心同意将创新工场等 17 家创新型孵化器纳入国家级科技企业孵化器管理体系中。到 2014 年年初，全国共有 20 家左右新型孵化机构——创客空间，初步形成了以北京、上海、深圳为三大中心的创客文化圈，其中北京的"创新工场"、上海的"新车间"、深圳的"柴火空间"、杭州的"洋葱胶囊"较为著名。

上海新车间成立于 2010 年 10 月，是中国最早的一批创客空间之一。新车间以传播创客空间理念及推广创客文化为主要目的，采取国外社区实验室的民间组织运作模式，把科普、娱乐、游戏、创意、研发、生产融为一体，以"在创作中寻求快乐"为理念。

众创空间的"爆发期"（2015 年以后）。在 2014 年 9 月召开的夏季达沃斯论坛开幕式上，李克强总理首次提出，要借改革创新的"东风"，在 960 万平方公里土地上掀起"大众创业""草根创业"的浪潮，形成"万众创新""人人创新"的新态势，中国人民勤劳智慧的"自然禀赋"就会充分发挥，中国经济持续发展的"发动机"就会更新换代升级。这标志着"大众创业、万众创新"的正式启航，开启了"双创"的时代篇章。

为贯彻落实大众创新创业精神，科技部火炬中心敏感反应，快速跟进，2014 年 10 月和 11 月，科技部火炬中心与致公党中央科技委员会调研组一行赴北京、西安、杭州、深圳 4 地开展"创客群体与创客文化"专题调研。在多次调研创客空间、创新型孵化器的基础上，科技部总结各地经验，在 2014 年 12 月提炼出"众创空间"的概念，指出以构建众创空间为载体，整合资源，打造新常态下经济发展新引擎。

2015 年 1 月 4 日，李克强总理探访深圳柴火创客空间，体验各位年轻创客的创意产品，称赞创客充分对接市场需求，创客创意无限。创客的奇思妙想和丰富成果，充分展示了"大众创业、万众创新"的活力。这种活力和创造，将会成为中国经济未来增长的不熄引擎。

在总理考察柴火创客空间后，科技部随即给总理写信，提出激发"大众创业、万众创新"的重点工作。2015 年 1 月 16 日，科技部部长万钢一行来到中关村创业大街，对北京市创新创业服务体系的建设情况展开调研，对北京市在推动创新创业方面的工作给予高度肯定。

2015 年 1 月 28 日，李克强总理主持召开国务院常务会议，确定支持发展众创空间的政策措施，为创业创新搭建新平台。会议指出，构建面向人人的"众创空间"等创业服务平台，激发亿万群众创造活力，带动扩大就业，打造经济发展新的"发动机"。

在国务院紧锣密鼓的工作下，支持众创空间发展的重大标志性文件出台。2015 年 3 月 2 日，国务院办公厅发布《关于发展众创空间推进大众创新创业的指导意见》（国办发〔2015〕9号）（以下简称9号文），指出顺应网络时代"大众创业、万众创新"的新趋势，加快发展众创空间等新型创业服务平台，营造良好的创新创业生态环境，是加快实施创新驱动发展战略，适应和引领经济发展新常态的重要举措，对于激发亿万群众创造活力，打造经济发展新引擎意义重大。

2015年6月11日，国务院印发《关于大力推进大众创业万众创新若干政策措施的意见》（国发〔2015〕32号）（以下简称32号文），对开展"双创"做出了全面的战略部署，解决总体思路和制度框架搭建的顶层设计问题，构建起多部门参与，有利于"大众创业、万众创新"蓬勃发展的政策环境、制度环境和公共服务体系等制度框架。文件指出，推进"大众创业、万众创新"，是发展的动力之源，也是富民之道、公平之计、强国之策，对于推动经济结构调整、打造发展新引擎、增强发展新动力、走创新驱动发展道路具有重要意义，是稳增长、扩就业、激发亿万群众智慧和创造力，促进社会纵向流动、公平正义的重大举措。

9号文和32号文的出台，深度契合了中国进入"创时代"的时代风潮，极大地促进了"大众创业、万众创新"。此后，国家部委纷纷密集出台有关政策措施，各地也纷纷行动起来，支持众创空间的建设和发展，形成了2015年后众创空间数量的爆发式增长。

二、众创空间的模式和运营情况

（一）众创空间的内涵

众创空间可类比传统孵化器，但又呈现出新的特点：①大众化。众创平台成为平等地服务于大众创业者的基础设施。②开放化。众创平台的低门槛和对刚性组织边界的突破，可以跨界融合、开放聚合各类创新创业支持资源。③专业化。众创平台通过开放聚合创新创业支持资源，达成创新创业服务的精细化和专业化。④网络化。众创平台能够充分利用信息技术和互联网线上平台提供服务。⑤多元化。众创平台可以根据不同创办主体、不同领域和不同功能呈现多途径和多元化建设的特点。由于这些区别和不同，众创空间在创业孵化能力和孵化效率上，相对于传统孵化器有更广泛的含义。

众创平台关注更广泛的创新创业孵化项目。首先是众创空间面向阶段更早，其服务的对象可以是那些只有产品或服务概念，甚至只有创业意愿的个体和团队；其次是众创空间的门槛要求更低，大多数众创空间都有"拎包入驻"的特点，因此可以服务的人群更广泛；最后是众创空间提供的创新创业服务更丰富，体现了针对创新创业活动开放性的资源整合和集成，并能够进行专业化和模块化的针对性服务，这使得众创空间成为资源开放和流动的桥梁、节点和加工整合中心，也使孵化大大加速。由此，众创空间在功能和内涵上不同于以往的孵化器，可以认为它是助推企业成长链条的一种新型组织单元，是支撑新时期广泛性创新创业的新一代基础设施。

（二）众创空间模式分类

当前，众创空间的建设形式多样、形态各异，迭代创新出现了各种众创空间模式。众创空间提供各种创业服务，极大满足了创业者的需求，同时也为众创空间提供"有利可图"的发展空间。

从创办众创空间的运营主体出发，根据创办众创空间主体不同，将众创空间分为以下 5 个类别。

1.高校、科研院所创办的众创空间

由高校、科研院所创办的众创空间，其建设的出发点是充分利用高校、科研院所的研发资源和技术储备，在促进自身科技成果转移转化的同时，开展对创新创业的开放孵化，使研究所的资源优势得以充分释放，同时更广泛地吸纳创新的知识、技术和人才，从而让研究所的体制性资源优势实现更大程度的社会促进效果。西安光机所创办的中科创星众创空间就具有典型性。

西安光机所坚持"孵化"高科技企业但不"办"企业、研究所参股而不控股的产业化原则，通过"科研人员持股、技术团队持大股"的激励方式，把责权利捆绑在一起，让企业充分发挥经营自主权，让创新创业的种子得以在宽松的环境中自由成长，最终实现市场需求"倒逼"研发，彻底改变科技成果转化的传统路径，打通科技成果转化的"最后一公里"，孵化培育了89家光子制造、光子集成、生物光子高科技企业。

2.大企业集团创办的众创空间

大企业集团创办的众创空间主要基于如下目的：①作为大企业促进内部创业的服务平台。②作为大企业在本行业的"创新嗅探器"，为企业寻找新技术、新产品、新业务创造土壤空间。③作为企业开放内部技术、设备资源，增值创收的重要途径。④为企业的转型发展或多元化发展提供选项。一般而言，该类众创空间都带有行业特点（一般是企业核心业务或者有意向发展的业务领域），因此具有专业孵化器的性质。在建设形式上有大企业自营型的众创空间，如腾讯众创空间、百度开发者创业中心、微软创投加速器、大唐电信移动互联网孵化平台等；也有依托大企业成立的独

立法人组织，如吉源创客、西安航空科技创新服务中心、以中国电科为依托成立的浙江乌镇街、以华立集团推动的润湾众创等。

大唐网络有限公司作为国有企业大唐电信旗下的创业服务公司，完成混合所有制改革，建设了移动互联网国家专业化众创空间。该众创空间基于技术驱动的资源型移动互联网"双创"服务平台，面向民生服务和传统产业领域，搭建创新示范型"互联网＋民生""互联网＋传统产业""互联网＋政务"等服务平台，旗下369云工程、369云基金和369云智汇为合作企业提供联合办公空间、投融资服务和应用开发服务，通过培育和整合，打造完整产业生态，帮助创业者对接资源，打造产品、获得融资，带动各相关领域的就业和创业。

3. 投资机构创办的众创空间

由投资机构创办的众创空间，其主要目的是为了寻找更好的创业投资项目。在当前资本过剩，好的投资对象相对稀缺的环境下，投资机构有动力向创业孵化领域延伸。投资机构通过创办众创空间，一方面能够较早地发现更好的创业项目，在投资争夺中获取先发优势；另一方面，通过提供创业孵化服务，投资机构能够零距离、持续性地与创业团队接触，加深对创业项目的理解，从而更好地做出投资决策。典型的案例是李开复的创新工场。

创新工场由李开复博士创办于2009年9月，是一家致力于早期阶段投资，属于"投资＋孵化"模式的新型创业服务平台，不仅提供创业所需的资金，还针对早期创业所需要的商业、技术、产品、市场、人力、法务、财务等提供"一揽子"创业服务，帮助早期阶段的创业公司顺利启动和快速成长。创新工场的投资方向主要涉及移动互联网、消费互联网、云计算和人工智能等领域。

4.服务机构开办的众创空间

目前此种类型的众创空间很多，这一方面体现了在新竞争条件下创新服务的深化，另一方面也体现了伴随新经济发展创新服务市场的发育。新的竞争形势需要针对特定对象集中整合资源、提供贴身服务，同时创新创业活动范围的扩大也使创业服务的市场极度扩大。这两个方面的发展变化正使得创业孵化服务变得"有利可图"，由此引发市场力量介入到此类以往多属于"公共服务"的范畴。通过问卷调查发现，目前各地占多数的众创空间（特别是那些自身就属于创业的众创空间）都是基于能够集中提供服务开办的（如北京最早出现的车库咖啡及各地冠以"咖啡"名义的众创空间），尤其值得关注的是近年来地产运营商开始进入这一领域。例如，华夏幸福和宏泰发展也开始发展类似众创空间的创业服务。该类众创空间的业务主要是以提供办公空间的实体形式面向社会创业个体或团队提供集成的创业孵化服务。

创客邦隶属于博济集团，是建立创业服务、天使投融资对接和资源整合的平台。主要目的是致力于打造以"O2O创业孵化＋创业投资＋增值服务"为核心的创业孵化融合发展新模式，建成从"公共苗圃—创业孵化—加速器"的创业全链条，形成整合全国创业创新资源一体化发展的创新型孵化器。目前，创客邦已与100家投资机构合作投入8亿元创业基金，在南京、上海、深圳、广州、杭州、武汉、成都等20多个城市运行30多个孵化基地，培养创客团队200余个。

5. 政府主导的众创空间

由政府主导的众创空间基本上是孵化器传统模式向更早期创新创业服务的延伸，其作为政府的社会公益性服务机构，是优化区域创新创业环境的一项主要内容。该类众创空间的特点是往往拥有由政府提供的较好的硬件条件，创业者一般能够享受到政府的政策支持，运营主体也能够在运营成本上得到政府补贴。但在提供的服务上，除与政府相关的工商注册和政策申请之外，往往以硬性服务为主。在软性服务方面与其他类型的众创空间相比，专业化服务能力往往相对较弱。目前这种政府导向的众创空间已经开始向以促进社区转型的目标发展，也开始进行在政府——企业伙伴关系下（PPP 模式）的探索。例如，回龙观社区的腾讯众创空间和凤岐茶社崮云湖创客空间等都在朝这一方向延伸。

回龙观腾讯众创空间（北京）建设占地 5 万平方米，可容纳约 500 个创业团队，可面向回龙观社区 40 万居民和外来开发者提供全要素、立体式的创业扶持与服务，包括基础服务体系、第三方服务体系、关键服务体系、腾讯全平台资源再升级，针对创业者对人才、融资、辅导、营销和资源的需求，推出定制化的服务，提供全方位立体支撑，并整合金融机构、产业孵化加速器、高校等联盟伙伴资源共同形成创业新生态。腾讯众创空间（北京）项目的启动，标志着回龙观社区开发者能够就近创业、回家创业，该社区日益成为有影响力的创新创业社区。

众创空间的运营服务类型分析。本次问卷调查中将众创空间划分为 7 个服务类别，从众创空间提供的服务类别来理解众创空间的运营。调查结果表明，平台类型主要以提供开放办公交流型和创客服务型为主，在供选择的 7 种类型中占比 50% 以上；其次是创业教育培训型、创业投融资服务型和专业技术领域型，占比在 30% ～ 50%（图 2.1）。

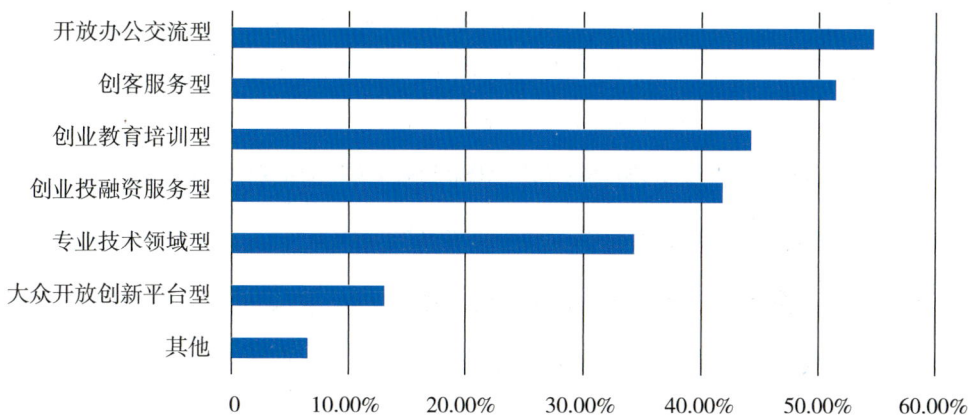

图 2.1 众创空间的服务类别分布

（三）众创空间运营分析

总体而言，众创空间由于产生和发展的时间尚短，目前普遍处于早期探索和建设阶段。调研发现，当前众创空间能够实现自身盈利的尚不多见，只占到 18% 左右，大部分的众创空间尚未取得正向现金流（图 2.2）。

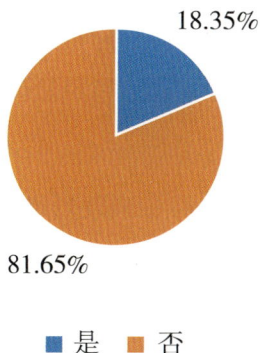

图 2.2 众创空间的盈利状况

服务收入成为众创空间的第一收入源。众创空间专注于为在孵企业提供高附加值的孵化服务。问卷也调查了众创空间目前主要的收入来源：服务收益排第 1 位；排在第 2 位的是房租物业收入；排在第 3 位的是投资收益；政府资助排在第 4 位（图 2.3）。

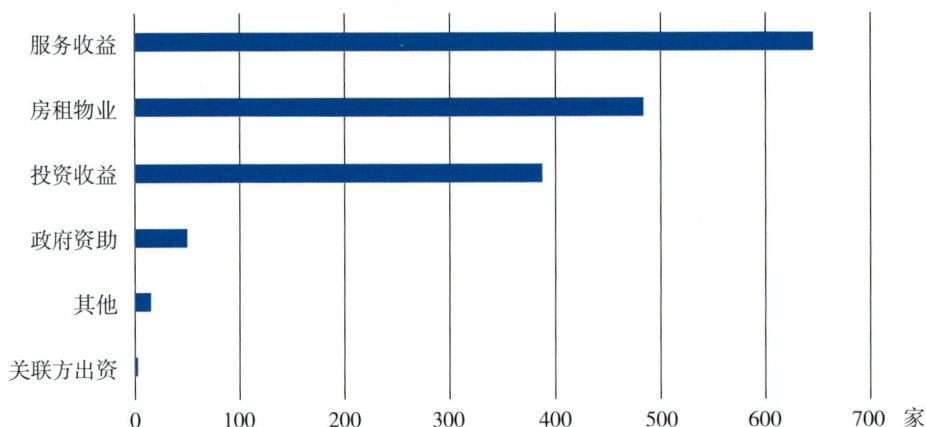

图 2.3　众创空间的收入来源分布

可以看出，尽管目前众创空间的发展尚在起步期，但从收入来源的分布仍然可以看到众创空间的生命力和传统孵化器比较的竞争优势：即虽然房租物业收入仍是众创空间重要的收入板块，但服务收益已经反超，投资收益也紧追不放。以提供增值服务和风险投资获取企业的成长收益，是众创空间不同于传统孵化器的一大特点，长远来看也是众创空间的生命力和命脉所在。

众创空间的服务功能。本次问卷调查列出了众创空间主要提供的 13 种服务功能，让参与调研的众创空间进行勾选，调查结果显示，办公场地、创业培训、创业导师 3 种服务功能几乎是所有众创空间的标准配置，占比达到 90%；沙龙路演、投融资、财务法务、人力资源、知识产权也是较多提供的服务功能，占比在 50% 以上（图 2.4）。

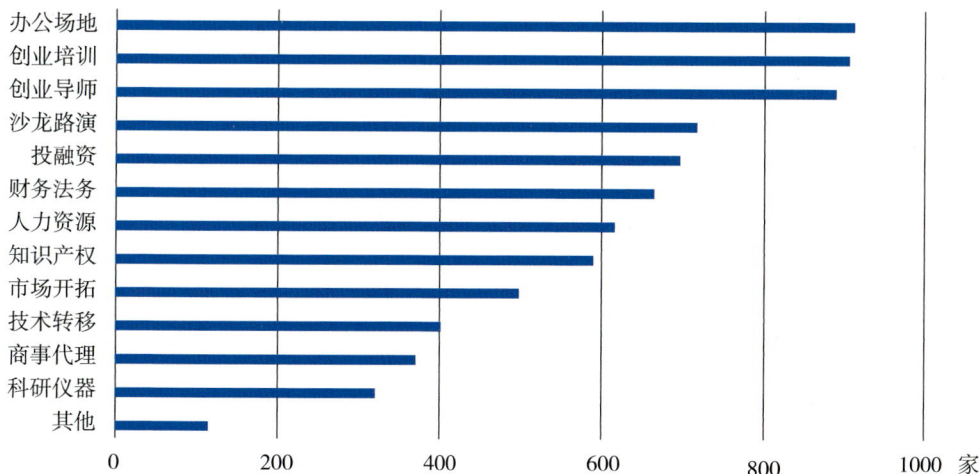

图 2.4　众创空间提供的服务功能分布

对众创空间的"空间"内涵不能仅简单作物理空间的狭义理解。实际上这类平台为创业者提供了包括工作空间、网络空间、社交空间和资源共享空间的多维内容。但当前涌现的许多"四众"平台，尽管有些并没有提供物理服务空间（如开放办公区、咖啡厅等）的功能，但由于一个开放交流的物理空间更便于要素的聚集、行为的聚合和思想的碰撞，因此在实际发展过程中，物理空间逐步成为大多数众创平台的底层标配，并有许多原先只具有线上平台的创业服务机构，也开始发展空间孵化的功能。例如，许多以创业媒体、培训、投资为主要业务的创业服务机构（如创业邦、36 氪等），原来并没有空间孵化的功能，现在也都在新增创业咖啡厅、开放办公区等孵化空间功能。

众创空间表现出"场地＋服务＋资本＋技术"四位一体发展趋势。结合问卷统计和实地调研进一步发现，"场地"是指创新创业的实体空间，运营机构普遍为创新创业者提供办公场所和办公条件服务，并且这种服务普遍具有"拎包入住"的特点；"服务"是指为创新创业者提供辅导、培训、知识产权和知识转移、商业模式和市场渠道等各类所需要的专业化服务，这是一种整合多方资源并有针对性的集成服务形式；"资本"是指众创空间普遍对接创业投资、政府支持和科技金融等各类资本，有些运营主体自身就具备创业投资机构的性质；"技术"是指众创空间开始向搭建研发平台、实验室和技术支撑平台方向发展，为创新创业者的技术攻关、产品试验和设计、向市场的生产服务转化提供平台支持。

问卷调查结果显示，1230 家参与调查的众创空间，现有常驻企业42 844 家，累计孵化毕业企业 52 006 家，在平台上为 106 623 家创业企业提供了开放服务，并且通过平台为孵化企业累计实现融资 208.18亿元。而据此前科技部火炬中心对全国 146+1 家高新区的调查统计，2015 年各国家高新区共设立创业引导基金 133.34 亿元。从这一数据对比可知，目前从参与问卷调查的平台来看，在不到两年的时间内实现的创业融资金额已经超过了所有国家高新区政府设立的创业投资引导基金的总和，众创空间强大的融资能力可见一斑。

从对创新创业的孵化而言，这种"四位一体"也表现出了孵化器 4个不同阶段的发展：第一代创业孵化器主要是提供低成本的办公场地；第二代孵化器是在提供场地的基础上提供工商便利化服务和商业模式拓展等咨询服务；第三代孵化器则是在前两项的基础上附加创业投资；而第四代孵化器则表现出在前三代孵化器基础上叠加研发和技术支撑平台的特征，即"四位一体"。以众创空间为标志的新型孵化器尽管起步时间很短，但已经快速进入了这种"四位一体"的发展阶段，这一发展趋势不但增进了孵化的形式和内容，并且已经从组织变革的层面深刻影响着未来的经济和社会。

三、众创空间的作用分析

（一）有效降低创业边际成本

众创空间是低成本、便利化、全要素、开放式的新型创业服务平台，众创空间提供各种创新创业服务，数量众多的众创空间是有效降低创业边际成本的重要途径。

便捷孵化服务，降低创业投入成本。孵化服务是初创企业快速成长的必需品，孵化器重点是为创业者提供研发、生产、经营的场地，并提供一些基本的办公设施，以及政策、融资、法律和市场推广等的支持。在众创空间等平台出现后，为创业企业提供"开源创业"的办公环境，共享办公桌、会议室、网络等设施，只需要一个工位就可以注册公司，整合提供法务、专利、商标等服务，创业投入成本进一步降低。

2015年，众创空间"上海苏河汇众创空间管理有限公司"领取了营业执照，名正言顺地开展创客空间管理服务。而根据此前"需参照《国民经济行业分类标准》来表述企业名称及经营范围"的规定，苏河汇只能使用"投资管理公司"的牌照。拿到"身份证"后，苏河汇感到最明显的好处是注册公司方便了，更能吸引创新创业企业的集聚。如今，众创空间里无论有1家、2家，还是100家企业，都可以使用同一个地址来注册，大大降低了创业初期的房租成本。

移动互联网降低创业的信息成本、沟通成本和资源整合成本。正因为如此，线上线下相结合的众创空间，进一步彰显优势，使得信息随时随处可得，沟通无时无处不在，资源更多集聚在网上。

阿里云"创客＋"成都基地是阿里巴巴旗下致力于扶持和培养下一代"独角兽企业"（指在较快时间内，市场估值能够超过 10 亿美元的企业）的创客平台。未来入驻成都基地的团队将主要是阿里巴巴携手 NEXT 创业空间联合挖掘、打造的创业项目，主要面向基于云计算平台进行项目开发的团队，将吸纳包括移动 App、手游、电商等创业团队。对技术型创业者而言，云计算正在成为更多创业企业成功的重要因素。据阿里研究院发布的一份研究报告显示，阿里云上的创业者中有 60% 为首次创业，而这些企业采用公共云平台后，计算成本下降到原本的 30%，大大减轻了创业负担，提高了创业成功率。

资本集聚降低创业的融资成本。众创空间打开了投资与孵化相结合的大门，深化"投资＋孵化"发展模式，大量民间资本参与到大众创业、万众创新当中。强化孵化器投融资服务，加强资本驱动功能，建立由孵化器自有资金和外部资本共同构成的多层次创业孵化投融资服务体系，满足不同阶段的创业企业对资金的需求。大量的风险投资集聚众创空间，特别是对于初创企业来说，吸纳第一笔融资的成本大大降低。

在全国唯一的智能硬件国家专业化众创空间——TCL创客孵化器里，创业项目在6个月至18个月的孵化周期内都将接收到TCL集团各类产业资源的导入，并有来自TCL创投、十方创投及孵化器内部设立的1000万元种子基金的资金支持。TCL创客空间还将以2%至5%的参股方式，对创业项目实施免费孵化。目前，TCL创客空间已孵化项目中有3个项目估值过亿元。

天津分子医学国家专业化众创空间则设立精准帮扶、授信模式、良性循环的种子基金。天津国际生物医药联合研究院投资发展部副部长王鹏表示，众创空间设立了300万元种子基金支持创业团队发展，将对经过投资决策委员会考核的项目，按照项目进展程度，用额度不高于5万元、期限不超过2年的借款，以及股权出资、增资、创新产品收购等方式参与投资。

共享空间促进跨界融合创业。一个开放平等的创业生态，让各种创业要素快速而充分流动，让人和创业要素间的"亲密接触"越来越多，让跨界创业成为可能。例如，跨境电商"蜜芽宝贝"的创始人刘楠是学新闻的，移动医疗平台"名医主刀"的创始人苏舒是金融界的投行白领等。孵化器和众创空间的集聚，以及逐步向社会开放的创新资源，极大促进了创业的跨界融合，从而实现"1+1>2"的优势互补，降低创业的机会成本。

两江新区依托互联网龙头企业和互联网产业园、留学人员创业园、软件产业中心、大地企业公园、联东U谷"两江新区国际企业港"、天海星"两江数码工坊"等各类创新创业平台载体，推行"一楼一生态""一楼一产业"模式，使创业者在一栋楼里完成从创意、创业、孵化到加速发展的创业步骤，建立递进式和谐创新生态，形成从创意到产品，从企业到产业，从产业链到生态链的可持续发展态势；并努力探索、推广"孵化＋创投""O2O服务""平台建设＋产业联盟""创业导师＋持股孵化"等新型孵化模式，引领经济社会发展新常态下的"大众创业、万众创新"。目前，两江新区已基本建成赛伯乐（重庆）、腾讯（重庆）、易一互联网金融、猪八戒文化创意、西游汇移动游戏五大众创空间，场地总面积达10万平方米，为创业者提供众创工位和独立办公室两种类型的精装创业场地。

高效孵化降低创业的试错成本。众创空间服务对象所处的阶段更早，可以是那些只有产品或服务概念，甚至只有创业意愿的个体和团队。在全民创业的时代，随着新技术革命、共享经济的快速发展，创业者和团队需要一个高效率的平台，开始"一分钟"的限时表演。众创空间降低了试错成本，市场风向一旦变化能够快速转向。

在孵化效率上，根据实地调查，一般众创空间的孵化周期为3个月到6个月，众创空间创客进出的频度和单位空间面积的孵化效率要大大高于传统孵化模式。问卷调查的结果显示，目前参与调研的众创空间，每个众创空间平均累计服务企业数为86.54家，平均毕业企业数为42.21家，平均常驻在孵企业数为34.78家，每个众创空间平均累计为孵化企业实现融资金额为1.69亿元（图2.5）。

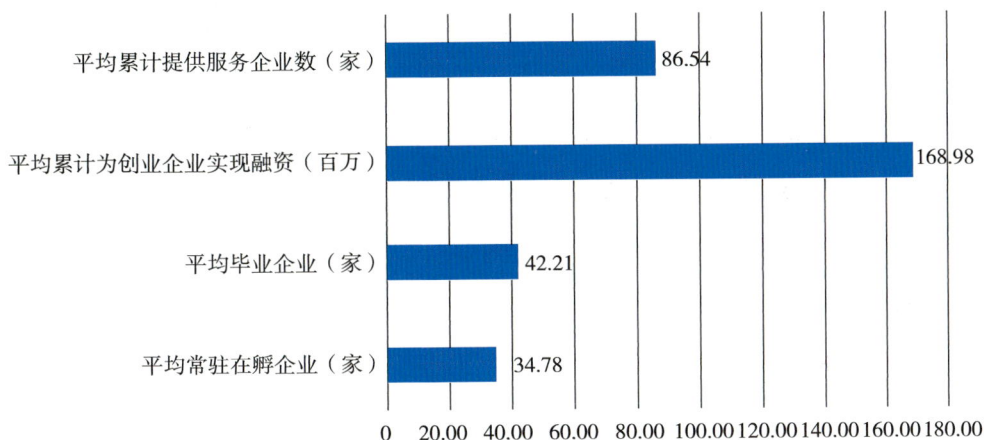

图2.5 众创空间平均服务成效

（二）促进科技体制改革创新

在"双创"浪潮中，众创空间成为国家创新体系中最为活跃的单元之一，既扶持初创科技企业快速成长获取市场价值，同时围绕知识生产和应用转化的关键环节，促进技术创新成果转化为生产力。

1. 成为技术创新的重要源泉

小微企业在技术创新中越来越重要。技术创新的主体最终要落在企业和企业家身上，"四众"平台既可以为社会提供技术创新的主体——企业和企业家，也可以直接参与技术创新，同时还可以优化技术创新的组织模式。

众创平台催生了大量的技术创新成果。创客空间通过集聚一大批创客，产生了众多市场化的技术研发成果。中科创星光子产业众创空间共引进、孵化、培育了50余家高科技企业，其中光子集成芯片、玻璃增透镀膜液、高速3D扫描等孵化成果均填补了国内空白。中科创星光子产业众创空间通过改造废弃工厂，面向IC芯片制造领域提供实验空间。工匠创客汇孵化的机器人在线测试系统、洁具喷釉机器人系统项目，完全由广东工业大学学生自主研发。优客工场的"小觅智能机器人""轻客"智慧电单车，已经实现量产且销售不错。吉林光电子产业孵化器聚焦激光、光通信、半导体显示、航空航天信息等领域，建成"创业苗圃—孵化器—加速器—产业园"完整链条，目前孵化企业和项目45家，2015年在孵企业实现销售收入2.2亿元。

中科创星光子产业众创空间（图2.6），是依托中国科学院西安光机所的学科、技术和科技成果产业方向，而建立的国内首个设在研究所的专业化"硬科技"投资孵化众创空间。主要以孵化光子技术为核心技术的"硬科技"项目，已孵化出超快激光加工技术、高功率半导体激光器、高性能碳纤维等先进技术产品。中科创星孵化硬科技创新创业项目，采用"办公空间＋实验空间"相结合的模式，促进创业团队快速完成硬科技项目的研发工作。

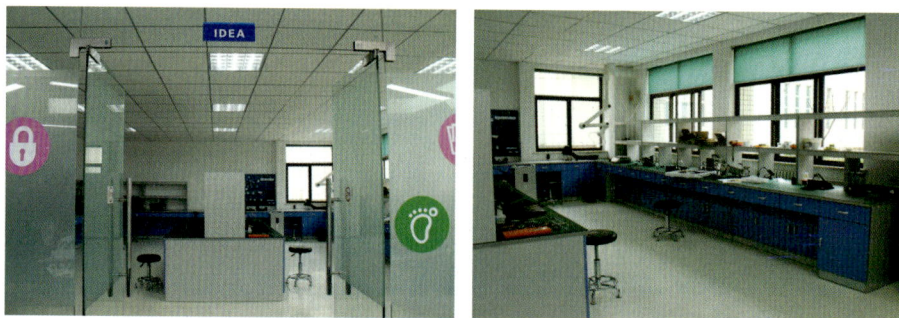

图2.6　中科创星光子产业众创空间

2. 形成企业主导的产学研合作

科技体制改革的重要目标是形成以企业为主导的产学研合作模式。围绕产学研结合，过去的 30 余年中国产学研合作取得了一定的成果，许多地方也出现了多种类型的新型科技机构和产业技术研究院等组织形式。但从整体上看，中国的自主创新能力依然薄弱，产学研合作创新仍停留于表面，国外成熟的产学研合作模式已经发展到产学研战略联盟、产学研实体等高级阶段，而国内还基本停留在以单项目合约、短期合作研发等为主的初级阶段，只是简单的"合作"而不是"融合"，而对于"融合"则长期缺乏有效的组织抓手，亟须发展适应当前及未来产学研合作发展需求的组织新模式，提高合作质量和水平。

众创空间提供了一种新的产学研合作范式。众创平台是整合支持自主创新资源的大平台，是一个开放系统。这就表现为许多传统科技机构、新型科技机构、大学等进一步在产学研合作平台上建设众创空间，由于扶持科技创业，各种资源纷纷汇聚于孵化器，技术、人才、资金、政策、服务等资源在孵化器这个平台上充分整合，企业与企业、企业与大学和研究院、企业与创业投资机构、企业与中介服务机构开展多方面的交流与合作，实现资金、技术、人才等要素资源的互动与集成，满足了科技创新小企业成长的需要。

西安光机所在中国科学院诸多研究所中一直走在体制机制改革和创新的前列，在产学研结合的研究和科技成果产业转化方面成效卓著。在体制机制改革方面，西安光机所一方面发起成立了与社会资本相结合的"西科天使基金"，另一方面在地方政府的支持下，与重点高校及科研院所合作，共同发起成立国内首家"产—学—研—资—用—孵"相结合的"光电子集成电路先导技术研究院"。2013 年西安光机所设立"中科创星孵化器"。2015 年西安光机所又在已经开办孵化器的基础上，再度设立"中科创星众创空间"。这样一来，西安光机所就不再只是"现有员工的研究所"，全社会优秀的人才都可以在西安光机所这个开放的"平台"上创新创业。

西安光机所的做法是科技体制改革的一种新型探索，可以归纳为"四位一体"新型组织形式：即实现"国家目标的基础研究""以市场为导向并与产业界合作的应用研发""开放吸纳人才的创新创业机制""助推科技成果转化和创业投资的资本联系"的"四位一体"。这种"四位一体"的组织模式既是时代发展的需求，也解决了长期困扰科技体制改革和如何实现产学研融合的"老大难"问题，因此是科技体制改革新的模式和新的方向。目前，许多国家高新区都在大力倡导促进新型科技机构、产业技术研究院向这种"四位一体"的方向发展（如合肥的中国科技大学先进技术研究院、合肥工业大学科学技术研究院等），孵化器和众创空间的建设经验，对于建设"四位一体"的产学研组织模式将起到积极作用。

企业建设众创空间重构了内部创新模式。以往企业创新主要靠内部设立研发部门，外部开展与大学或科研机构的合作研究。但随着新经济的快速发展，仅靠传统路径所能够获得的创新竞争优势日益受限。表现在两个方面，一是从共享经济着眼缺乏知识共享的范围和广度，二是从生态经济着眼不能有效形成更为广阔的开放吸纳机制，这就使得企业难以在产业生态的意义上有效拓展，从而难以建立持久的竞争优势。新技术经济范式的发展迫使企业把谋求自身的生态优势置于优先地位，在这样的范式转变要求下，开放性的创新自身平台建设就成为企业谋求新优势的可行手段。由此，近年来那些眼光敏锐的企业纷纷搭建开放的创新平台和建设实体的众创空间。

润湾众创空间就是企业创新组织模式新探索的典型。2015年7月成立的润湾众创空间是浙江省华立集团基于企业自身的创新升级和多元化发展的考虑建立的，运营机构是浙江润湾投资咨询有限公司。润湾众创空间与企业的关系主要体现在3个方面：①实现创新创业团队与华立公司业已具备的资源优势深度合作；②华立发起设立资金，发现和培育促进企业转型升级和商业生态圈进化的创业项目；③华立参与投资决策并深度参与项目的辅导过程，提升价值创造。华立通过众创空间拓展了企业内部的研发和创新，既可以使企业自身员工的创新想法和成果通过众创空间快速孵化，也可以高效吸纳企业外部的创新发现和创新人才。从而通过润湾众创空间改变和拓展了企业以往长期固守的内部化的创新组织模式。

实际上在实现企业创新组织模式转变的意义上，从微软、谷歌、联想等跨国公司开始，目前国内的广州达安基因、青岛海尔及互联网公司的腾讯、阿里、百度等，都在进行这种普遍意义上的实践探索，企业建设孵化器，将内部创新资源与外部进行有效对接，真正开启了以企业为主体的产学研合作模式的建设进程。

3.科技成果转化的重要途径

科技成果转化有多种形式，而创业正是成果转化的最有效形式。科技型创业的内涵主要就是以科技人员主导科技成果转化为主要特征的一种创业。中国科技人力资源总量超过7000多万，研发人员超过500多万，其中企业研发人员将近400万。要充分利用这些人力资源，在"双创"中鼓励科研人员自己创业或者和其他企业联合创业等以多种方式实现产学研结合。当前，很多科技人员还是在高校、科研院所内，而激励这些人员走出大院，与企业及其他创新人员一起创新创业，将极大促进科技成果转化。

科技成果转化的最直接途径就是科技人员自己创办企业。企业作为社会财富的直接创造者，是将价值链要素连接在一起的最有效的组织方式，是科技成果转化的最终实现者。科技企业孵化器将孵化功能延伸到大学和科研院所，将鼓励科技人员创业，提高科研成果的转化率和推广率，在研发机构和产业之间形成孵化递进关系，经过"在研发中心和大学孵化中心孵化项目—进入孵化器后期孵化—进入产业成长"的作业流程。以中关村为例，从1984年由中国科学院相关科技人员创办的联想、汉王、曙光、龙芯等一批高新技术企业，到2000年以百度、阿里、腾讯为代表的IT创业企业，再到新经济环境下政府和市场催生的大众创业潮，创新创业精神薪火相传，中关村以特有的创业生态和发展模式始终引领全国，这与其多元化的内在基因密不可分。

价值发现功能在众创空间成果转化中发挥着重要作用。并非所有的科技成果都可以实现产业化，据初步统计，科技成果中仅有20%是可以转化的。众创空间的出现，充分挖掘了大学和科研院所的科技成果价值，使"大众创业、万众创新"门槛更低一些，每个人都有机会跨进去，每一个有志于参与"双创"的主体都能够公平地获取自己关心的创新创业信息，政府营造了一种规则公平、机会公平的创业环境，最终促进有价值的科技成果顺利转化为产业。

4. 促进军民科技融合和转化

军民融合创新一直是国家创新体系建设的难题。中国自改革开放以来也一直在进行多种途径的改革探索，但多方面原因导致其实效性并不高。

因此，党中央把实现军民融合发展作为深化改革的一项重点任务，并提出了《关于经济建设和国防建设融合发展的意见》，明确指出要深化国防科技工业体制改革，打破系统封闭，扩大引入社会资本，推进军工企业专业化重组。孵化器和众创空间的实践无疑为解决这一难题提供了一种有效途径。

共建众创空间成为军民融合创新的一种极为有效的形式。通过军民共建众创空间，促进军用技术和民用需求、人才、资本的有效对接，如中国航空工业集团的"爱创客"平台、中国兵器工业集团的"光电梦工场"、西安国家民用航天产业基地的"北斗＋"众创空间、中国船舶工业集团公司的"军民融合研究院"等一大批军民融合性的孵化平台。

中国船舶工业集团与深圳清华研究院等单位联合成立了深圳军民融合研究院，该院成为首个由国防军工集团参与、立足国防科技工业、促进军民融合和产研用结合的新型孵化器，并建立了包含成果推广转化、知识产权、科技奖励等主要功能模块的成果推广转化平台，为下属单位创新创业提供服务支持。在资金方面，深圳军民融合研究院吸引了基金投资，为创业项目提供充足的资金保障。在项目培育方面，深圳军民融合研究院注重把中国船舶工业集团转型升级的需求与市场需求相结合，以需求出发，在全军工、非军工乃至全球范围内匹配对接技术，专注于种子项目的培育，真正推动军民融合，摒弃传统孵化器仅依靠场地收取租金的做法。

中国兵器工业集团公司下属的西安北方光电技术有限公司和西安丑石网络科技有限公司联合创办的光电梦工厂，专注于服务光电信息产业的创新创业的众创空间，是军民融合众创空间建设的典型，体现了军民融合创新的体制机制探索，表现为：①光电梦工场的建设主体就是军队组织与私营部门的有效整合；②光电梦工场通过创新平台、创业服务体系、资本融通体系与人才流动平台的搭建为军民融合创新的社会性参与提供了共生共享的发展舞台，实现了社会资源的有效嵌入；③由于能够共享国防科技的平台资源及多种优势社会资源，造成更加充分的对知识、人才和创新创业者的开放吸纳，又进一步加快了军民融合创新的步伐，推动军民融合技术的创新发展；④军民融合的众创空间能够有效提升国防科技资源在民用市场的应用，同时也为国防科技的发展提供了有效吸纳民用技术的渠道和方式，由此使得军民融合创新更有效率和更有针对性。

众创平台促进军口资源向民用开放共享。通过众创平台进一步增强国防科技与民用科技、国防科技工业与民用工业的互通、互动。军民结合公共服务平台的建立，将使得包括军用技术成果、大型仪器、设备设施在内的多种资源更加合理地流动、配置和得到使用，为更多创业企业成长提供帮助。

创新创业过程中涉及大量检验和测试，科技型中小企业因无力购置和运行维护大型科学仪器而发展受限，这曾是张文博的一块心病，"我们只有托各种关系去打听，但效率太低，这无形中增加了企业的科研成本。""国防军工科研院所向我们开放大型科学仪器，我们孵化器内的企业再也不用为测试发愁了。"得知绵阳成立四川军民融合大型科学仪器共享平台，绵阳融鑫孵化器负责人张文博有些激动。四川军民融合大型科学仪器共享平台通过"互联网+"模式，有效聚集军工科研院所、军民融合企业、检测专家、仪器服务机构等军民融合资源。到 2020 年，平台实现整合仪器资源 10 000 台以上，年服务企业 5000 家以上。

中国航空工业互联创新产业发展平台——中航爱创客（图 2.7），是十大军工央企"巨无霸"中首次推出的创客平台，依托中国航空工业先进技术与产业生态资源，围绕航空技术民用化、军工技术产业化，运用互联网技术手段，通过"互联网＋开放创新＋协同研发＋智能制造"，构建线上线下相结合的 O2O 平台，面向高端装备与智能制造、无人机、机器人、物联网、智能消费电子、虚拟现实、健康医疗等新兴产业方向，着力打造全球工业科技创新生态，搭建技术与资本的平台、资源与市场的网络、中国航空工业与地方产业融合发展的桥梁，不断开发高科技产品、孵化高科技项目、创建高科技公司、培育高科技产业，支撑创业团队科学创业，助力中小企业创新发展，助推传统企业转型升级，实现军工产业与国民经济的融合发展。目前已为 100 余家中小微企业提供电子设计服务，建设 10 余个区域"双创"中心，对接合作需求近 1000 项，策划和培育 100 余项创新创业项目。

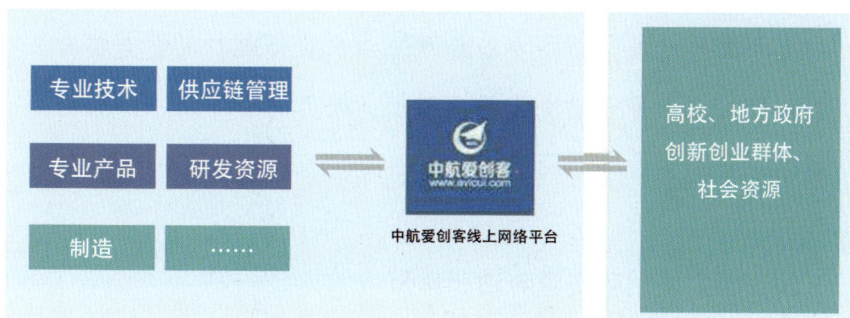

图 2.7　中航爱创客平台

地方政府通过众创平台促进军民产业落地生根。民用核能、民用航天、民用飞机、电子信息等军民结合型产业将加快发展，更多的军用技术成果将在军民结合产业基地内转化、孵化、产业化。地方参与发展军民结合产业的积极性将得到进一步调动，军工经济对地方经济发展的贡献将有新的提高。

西安"北斗+"众创空间是西北地区首个"北斗+"众创空间，也是北斗开放实验室首个"北斗+"众创空间。西安"北斗+"众创空间由西安航天基地管委会和北斗开放实验室共同设立，是军地双方联合打造的具有军民融合特色的众创空间，由北京、泉州、西安、长沙、无线电检测、司南等北斗开放实验室各地分实验室共同打造的推广北斗应用的承载平台，将依托西安雄厚的航天产业及高校人才基础，各地分实验室将充分发挥各自在政策、市场、技术、人才、设备、数据等方面的优势，通过聚集政府政策优势及北斗开放实验室平台资源优势，围绕北斗产业方向，打造集人才培养、应用开发、成果转化、孵化培育等为一体的专业化协同创新平台，全面助推西安北斗产业及衍生产业的发展，为西安后续在北斗产业领域引入重大项目、创新创业和引入人才等方面发挥重要作用，助力西安市北斗产业向高端和规模化迈进。

5. 加速国内外创新资源流动和集聚

随着移动互联网的深化及全球科技产业发展的新趋势，国内外创新创业项目在技术、商业模式上日趋同步，科技企业孵化器必须通过有效整合全球创新创业资源，广泛开展与海外资本、人才、技术项目及孵化机构的交流与合作，实现创新创业要素跨国、跨行业自由流动，在国际孵化中充分对接全球创新链；充分利用全球资金链；充分吸纳全球创新创业人才。

太库科技独创的商业模式为"产业孵化器"，即 1 个产业孵化器 = 1 个实体孵化器 +1 支产业基金 +1 个创新集群，形成由 1 个实体孵化器，1 个产业基金，帮助服务区域形成若干个创新产业集群。以河北省廊坊市香河县为例，太库科技以香河县为先导，通过打造人工智能领域的产业孵化器，为当地政府提供创新经济综合解决方案。太库香河实现 16 个人工智能项目入孵，完成单个企业到 VR 产业链在香河的布局，实现 6 个项目产业落地，8 个人才、16 项专利落地香河区域。2016 年，太库科技在华夏幸福产业新城内，打造北京、上海、深圳、南京、武汉、成都、固安、香河、大厂、嘉善等 20 家孵化器，帮助区域落地专利 78 个，引导全球高端项目 40 多个落户产业新城，引进 30 名高端人才落地产业新城。

6. 成为简政放权的重要窗口

"春江水暖鸭先知"。大力推进简政放权、放管结合，优化服务改革，统筹推进行政审批改革，创新探索"互联网 + 服务群众""互联网 + 政务服务"经验，是深入推动行政制度改革的核心。孵化器集聚大量的创业企业，特别是众创空间吸引着大量的创业者和创业团队，他们是受益者、亲历者和见证者，最能深刻感受到行政审批制度等改革带来的成效。

众创空间是商事制度改革的重要载体。当前，众创空间纷纷设立"一站式"服务机构，对接政府工商、税务、知识产权等部门，将各项功能通过互联网进行有机整合，极大地方便了创业者，许多创业者只要轻点鼠标，就可以快速完成公司注册、税收服务等事项，使得创业者能有更多精力投入创业的核心业务。近年来，各部门也加大了商事制度改革力度，国内一些孵化器和众创空间帮助政府搭建适合创业者需求的政务管理平台。

"网上会客厅"最早是北京市海淀区政府提出的服务创新创业的政务改革重点，建设初期，国内众筹平台——天使汇就参与了"网上会客厅"的建设工作。2015年10月全国"双创周"期间，李克强总理与一位网上路演创业者视频交流，并与4位创业者共同按键启动网上会客厅上线，并指出打通线下线上两个政府服务平台，可以为创业者提供更加便捷的服务。

中关村"网上会客厅"（图2.8）是一个开放的平台，平台的接口对外开放，服务机构都可接入。基于这个原则，将社会化专业化的服务机构、政务服务和创业者、企业连接在一起，其目的是聚集全球的服务资源，为全国创新创业服务。就像"服务超市"一样搭建起了一个个"货架"，让创业者和企业去选择这些"货架"上的"商品"。以公司注册为例，喻崚元和他的北京锌客科技就享受到了这样一次"傻

图2.8　中关村创新创业服务平台"网上会客厅"

瓜式"的公司注册服务。具体说来，点击进入"网上会客厅"，选择注册服务，只需要经过半小时左右的网上资料填写，并通过快递向网上工商注册平台递送纸质材料，就可以安心等待审批通过了。3天审批、7天拿照、送照上门，这样的服务全过程不用创业者花一分钱。而过去，由于需要经历现场排队、填写资料、信息有误打回重新填写等过程，公司注册需要创业者来回奔波多趟、花上个把月才能完成。

（三）促进社会组织单元变革

众创平台作为新型助推企业成长的组织单元，也表现出了对社会经济组织发展的创新引领作用。作为新型组织，众创空间不仅是一个创新创业的空间，也是一个体制和机制改革的组织空间。作为新型组织，众创空间能够更有效地促进优势资源向新兴的、快速增长的领域开放和流动，这是对国家创新驱动发展战略供给侧结构改革的推动。因此，无论是在地方政府层面，还是在开办众创空间的各类主体层面，都需要从改革和发展双重意义上增进对众创空间的认识。

1. 助推企业创新组织模式变革

众创空间也是一种新型的产业组织建制，代表着企业创新组织模式的新发展。就工业社会至今的发展而言，以往企业创新的主要组织形式是内部设立研发部门、外部开展与大学或科研机构的合作研究。但随着新经济的快速发展，仅靠传统路径所能够获得的创新竞争优势受到局限。无论是知识共享的范围、广度还是开放吸纳机制的广阔性都有待提高。新技术经济范式的发展迫使企业把谋求自身的生态优势置于优先地位，在这样的范式转变要求下，开放性的创新创业平台建设就成为企业谋求新优势的可行手段。

上文提及的润湾众创空间，就新的创新组织模式而言，整合了所依托企业的产业通道优势、创投基金优势、人力资本优势、工具法则优势，再加上润湾发展的线上渠道优势和线下支撑优势，就形成了润湾自称的第5代孵化器的六大竞争优势，使孵化创新创业的效率更高（图2.9）。

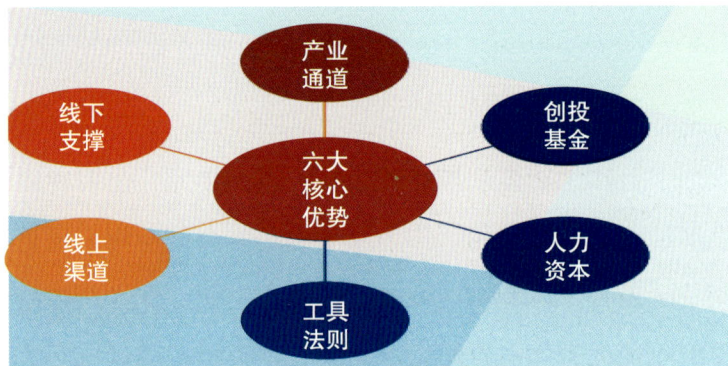

图2.9　润湾孵化器的六大核心优势

润湾的探索尽管是传统企业为实现产业转型升级路径探索的个别案例，但对新技术经济范式下企业创新组织模式的发展具有普遍意义。实际上目前国内的大企业有不少都在开展此类探索。

海尔集团率先建立海立方线上平台、创客学院、创客工厂等5个平台，成立了183个小微生态圈，诞生了470个创业项目，聚集了30多亿元的创投基金，1330家风险投资机构，24个小微企业成功引入风投，12个小微企业估值过亿元。其中，海创汇是海尔集团发挥龙头骨干企业的优势，着力打造的专业化众创空间，由"制造产品"向"孵化创客"转型的孵化平台品牌，实现了创新与创业、线上与线下、孵化与投资的系统结合，为创客提供包含投资、学院、供应链和渠道加速、空间、工厂、创新技术等一站式孵化服务，使自身成为共创共赢、增值分享的创业平台。创业平台既吸引海尔内部员工和离职员工创业，也吸引合作伙伴、社会资源、全球资源、用户等在平台上进行创业。海尔孵化创客的模式有5种——企业内部孵化、脱离母体孵化、众筹模式、大众创业模式和万众创新模式。

2. 推动新社会经济范式迁移

众创空间是形成新经济业态和新经济行为的温床，是推动经济系统向新社会经济范式大规模迁移的"利基（Niche）"[1]空间。仅从以下两个重点方面就可以发现这种"利基"作用。

（1）催生新职业行为和促进新时代背景下的就业。自由职业者或广泛意义上的创业必将成为新经济时代的主流就业方式，这一就业方式将会广泛存在于新毕业大学生、网络化生存的新知识群体，乃至有一定专长的特定社会各群体之间。众创空间为这些人群提供了新技术经济范式下的职业场所或就业空间，成为众多新知识群体能够自我谋生并获得社会存在感的空间依托。

---

[1] 是指针对企业的优势细分出来的市场，这个市场不大，而且没有得到令人满意的服务。产品推进这个市场，有盈利的基础。在这里特指，针对性、专业性很强的产品。按照菲利普·科特勒在《营销管理》中给利基下的定义：利基是更窄地确定某些群体，这是一个小市场并且它的需要没有被服务好，或者说"有获取利益的基础"。

此次调查中也发现，众创空间对促进新形式社会就业的促进作用极大。例如，元素E家众创空间、鄞州区大学生（青年）创业园7号众创空间，以及陕西中海惠泽大学生创业孵化中心、西电筋斗云众创平台等，都是依托大学、科研院所的教育资源、人才优势、场地优势、研究基础等为大学生及新知识群体创业提供基础服务、管理咨询服务、投融资服务、项目风控管理等，都为"草根创业"提供了完善的孵化服务平台和"零门槛"的职业条件，实现了从寻求工作到直接创业的转变，由此激活当地区域的创新创业，促进区域内新知识群体的就业。

（2）成为开展社会教育培训的新型场所，从而拓展了新时代教育的形式和内涵。我们可以通过两个案例加以说明。

创客街是一个创办于广州、纯市场化运营的国家级众创空间。2016年3月底，创客街进入东南大学做宣讲，给大学生们带去了他们的"孵鹰计划"：学生可以利用暑期走进创客街进行创业实训，有机会进入真正的创业公司，以合伙人身份体验创业。"我们鼓励学生自愿报名，孵化企业自愿接收，确保双方能够实质融入，摸索解决从纯大学生到实战创业者之间存在的'衔接难'问题。"创客街创始人莫嵘说。

"深圳开放创新实验室"是结合创新创业把众创空间办成创客培训和教育平台的案例，该平台与学校教育相衔接并注入现行教育所不可能提供的教学培训内容为创客提供培训，在培训内容和培训形式上形成响应新时代发展要求的知识教育体系，分别针对高校和中小学的创新创业课程，积极与学校开展创客实践教学。"晓学堂"是依托中信书店、新格文创及 720° 两岸文创产业孵化器发展起来的，是一家公司化运营并专注"阅读与创新"的文创众创空间。它围绕"万众创新"与"全民阅读"，以跨界整合为方式打造全新的教育平台和教育商业体系与模式，其直接推动的是社会学习和大众学习。

这些例子说明，现行教育内容和教育形式正不断受到冲击，与职业生涯相结合、与知识更新相呼应的"体验"式教育正不断涌现。因此，众创空间的创客教育及通过众创空间催生的新教育业态具有开启新教育空间的意义。就众创空间的创客而言，创客培训和教育既可以看成是职业生涯的开启，也可以看成是本科教育在新时代背景下的延续，众创空间构筑的创造、思维训练、互动学习和场景体验可以认为是对现有教育模式的延伸，而这种培训和教育的社会性质、体验式模式、培训内容的主动性和创造性又是对现行教育和教学的创新。并且已经有许多众创空间及创业团队把这种新教育理念打造成新型商业模式，通过向现行教育体制的广泛渗透（有些甚至拓展到中小学乃至幼儿教育层面），推动现行教育形式向更大规模的社会教育和终生教育方向发展。

可以想象，伴随新技术经济范式的快速更替，未来的众创空间从创客教育始发，很有可能会围绕孵化创新创业的核心职能发展成为另类的教育培训阵地，对教育体制（包括本科教育）、教学内容和办学形式的发展改革和创新提供新的思路。

3.构建新时代创新社区底层单元

众创空间引发一种新型社会组织建制，成为新时代创新社区和创新型国家建设的底层结构单元。实际上自国务院提出"大众创业、万众创新"号召以来，通过众创空间这一实体空间形式实现线上平台与线下资源的有效对接——改造旧城市或社区并使其焕发新的活力，为新发展注入新的动力——已经引发了很多地方政府的关注，同时那些在互联网大潮中崛起的平台公司也必须谋求新的产业生态空间拓展，众创空间刚好可以使这两股力量汇聚，由此推动传统社区向创新社区的转变。由于这样的需求极大和极为普遍，这就使得以腾讯众创空间为代表的产业生态分享孵化模式有可能成为未来社区（或社会）创业孵化的主流趋势。2015 年，腾讯开放平台接入应用数已超过 400 万，并在全国规划建设 25 个线下众创空间，总面积超过 50 万平方米。

创新型国家建设依赖于创新型的社会建设，而创新型的社会则要建立在创新型社区的基础之上。就传统而言，社区的本质是生活和居住，是价值的消费和消耗。而创新型社区则需要社区自身就能够开展再生产和再创造。这就会驱动社区不断走向内生发展的自循环，实现社区顺应时代发展的自更新和持续的价值增值。应该说以往要达到这样的状态极度困难，令人欣慰的是，目前中国互联网平台型公司的产业生态构造战略与传统城市社区寻求社会转型的发展诉求正形成前所未有的历史性交汇，为解决这样的问题提供了可行的方案。

四、众创平台与供给侧结构性改革

随着中国供给侧结构性改革的深化，面对当前改革和发展中的关键问题，通过构建众创空间，增加技术供给，特别是市场应用技术供给、培育创新创业企业、以创业带动就业等，推进供给侧结构性改革。

大企业建设内部创业开放平台。大企业通过建设内部众创空间等平台，一方面，向社会开放内部创新资源，吸引更多的创客参与企业技术创新，另一方面，通过内部建设众创空间等创业载体，重构了内部组织模式，将企业和员工的关系，转变为创业和创客的关系，这对于供给侧结构性改革至关重要。特别是针对一些去产能的企业，企业员工分流成为头等大事，而通过建设众创空间，能够有效促进分流员工的就业转变为创业，从而顺利实现去产能目标。

　　首钢在近百年的发展历史中，曾在钢铁领域创造了不可磨灭的辉煌印记。首钢身上发生了诸多重大变化，在钢铁行业去产能形势刻不容缓之时，显得更加明显。创新已成为一种时代的潮流，首钢在企业转型升级过程中，充分挖掘自身潜力和资源优势，加快北京园区的建设，实现钢铁和城市综合服务商的两大主导产业协同发展。创业公社2013 年成立，股东为首钢基金、中关村股权交易集团等，目前已经形成集创业办公空间、创业公寓、金融服务、创业大数据等为一体的创业生态圈。

　　首钢古城单身宿舍坐落在石景山区古城路南侧，是十栋建于20 世纪 80 年代的老楼，有数千名首钢集团的员工依然住在这里。2015 年年底，这些老楼更名为 37℃公寓，迎来了 130 多位不同身份的年轻创业者。在大本营石景山区，首钢目前运营着北京地区规模最大的众创空间，尝试打造一个综合的创新创业生态系统。

　　孵化优秀企业助力新经济发展。在移动互联、大数据、云计算和人工智能技术推动下，市场需求加速升级、个性化消费时代到来、新经济呈现快速发展态势，为创业企业提供了巨大的需求空间。众创空间促进了投资与孵化的结合，加速企业成长。当前，大量民间资本参与到"大众创业、万众创新"中，"投资＋孵化"已成为众创空间服务模式的重要形式。根据科技部火炬中心数据统计，2016 年，全国众创空间共帮助 1.5 万个创业团队和企业获得投资，总额约 539.6 亿元，其中民间社会资本投资 444.6 亿元，众创空间自身投资创业企业约 78.8 亿元，更是有 808 家众创空间由投资公司直接建立。

启迪之星目前已经孵化的上市、新三板挂牌公司累计达到 32 家，其中创业板公司 10 家、沪市 A 股 1 家，包括海兰信、中文在线、世纪瑞尔、紫光华宇、汉邦高科等一批高速成长企业，这些上市公司都在各自的细分领域处于领先地位，占有很高的市场份额，引领着产业发展的未来方向。

北京中文在线是由清华启迪之星孵化上市的一家创业板公司。公司 2000 年成立于清华大学，是中国网络出版的开创者之一，中文数字出版服务领域的领导者，2015 年 1 月 21 日，中文在线在深交所创业板上市，成为中国"数字出版第一股"。

中文在线是中国国内最大的正版数字内容提供商之一，自有用户超 7000 万，合作用户超 6 亿。公司拥有数字内容资源过百万种，签约版权机构 600 余家，签约知名作家、畅销书作者 2000 余位，驻站网络作者超过 200 万名。中文在线是最早参与基础教育信息化的数字出版企业之一，2002 年即担纲国家"十五"规划教育部重点课题，在国内率先推出"中小学数字图书馆"，实现数字出版行业发展成果首次应用于中国基础教育领域。中文在线的数字图书正通过手机阅读、中小学数字图书馆、互联网等多种渠道服务于教育机构、大众消费等领域，在各个领域中均处于领先地位。

增强众创空间技术供给能力。企业牵头建设的专业化众创空间，通过聚焦细分产业领域，以推动科技型创新创业、服务于实体经济，强调服务对象、孵化条件和服务内容的高度专业化，是能够高效配置和集成各类创新要素实现精准孵化，推动龙头骨干企业、中小微企业、科研院所、高校、创客多方协同创新的重要载体。2016 年 7 月，科技部公布首批国家专业化众创空间示范名单，在智能制造、轨道交通、生物医药、无线通信等领域认定了首批 17 家示范性的国家专业化众创空间，大多是由海尔集团、大唐电信、中国科学院西安光机所、电子科技大学、中山大学这样的行业龙头企业、高校、科研院所牵头建设。

中信重工在 8000 多名员工中精心挑选，最终以 5 位大工匠名字分别命名的 5 个工作室正式成立，并建立了 22 个工人创客群，形成了有工作场地、有资金保障、有组织制度、有攻关目标、有效果评估的"传帮带"创业模式，由高级技能人才领军的工作室已成为领衔创客成长的"火车头"。各创客团队之间围绕着优化工艺技术、解决生产难题、形成典型工艺规范、固化创新成果等开展活动，大工匠则在生产制造中发挥攻坚克难、言传身教、示范带头等重要作用。公司还成立了由 10 名院士和 3 名专家组成的院士专家顾问委员会，聘任公司 15 名技术领军人物为首席技术专家，牵头组建了 18 个技术创客团队，主攻矿物加工、节能环保等 18 个技术研发方向。

第三章

众筹平台研究

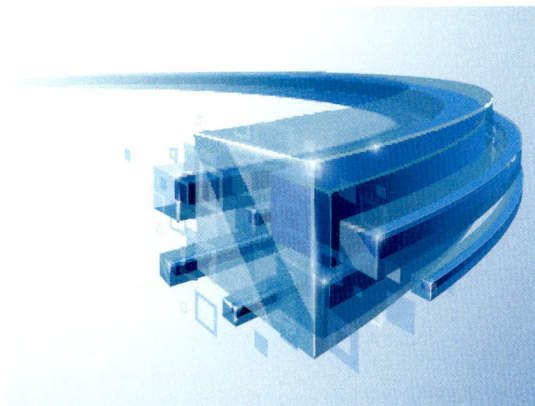

　　众筹有效拓宽金融体系服务创新创业的新渠道、新功能。广义上的众筹不再是简单的筹集资金，而是一个系统的资源筹集，在"互联网+"时代，众筹应当是以资金为纽带，通过筹集资金去筹集资金背后的各种无形资源，如技术、人脉、市场等。

一、众筹平台的产生与发展

（一）众筹平台的内涵

众筹（Crowdfunding），即大众筹资或群众筹资，是指一种向群众募资以支持发起的个人或组织的行为。现代众筹主要指通过互联网方式发布筹款项目并募集资金，是互联网技术普及应用所衍生的新业态和新模式。一般而言，众筹都是通过网络平台联结起出资者与提案者。因此，新时代背景下众筹的发展也就表现为众筹平台的发展。

众筹（Crowdfunding）一词，是由美国学者克尔·萨利文在2006年8月首次提出的。众筹筹资是指利用互联网平台和技术，就特定项目在一定的募资时间内，针对特定群体发起的，以项目完成为目的的新型筹资项目，其回报可以是货币、实物或其他形式。

现代意义上的众筹平台源于2009年在美国建立的网站Kickstarter，是世界上第一个互联网众筹平台。该网站让每一个普通人都能通过网络平台向大众筹集实现某项创意所需要的资金。相对而言，对于新业态的众筹融资，美国在法律法规层面的跟进也很快。2012年美国就通过了《促进创业企业融资法案》，使众筹的合法化工作大为提前，极大促进了众筹的快速发展。

国内首家众筹平台"点名时间"（demohour.com）于2011年正式上线，这是一家以众筹为核心，人们可以发起和支持创意项目的平台。点名时间主要接受的是艺术、漫画、摄影、设计、音乐等文化创意类项目。2011年，天使汇在北京成立，开展类股权众筹业务。点名时间和天使汇都被称为"中国的 Kickstarter"。

中国政府也较早认识到了众筹对创新创业的正向促进作用。2014 年 12 月，中国证券业协会起草《私募股权众筹融资管理办法（试行）（征求意见稿）》，开始向社会发布征求意见；2015 年 6 月，国务院出台了《关于大力推进大众创业万众创新若干政策措施的意见》；2015 年 7 月，经党中央、国务院同意，中国人民银行联合十部委印发了《关于促进互联网金融健康发展的指导意见》，被业界誉为是众筹和互联网金融的"基本法"。

根据国际证监会组织（IOSCO）发布的报告《众筹：一个快速发展的新兴行业》中的定义，众筹融资是指通过互联网平台，从大量的个人或组织处获得较少的资金来满足项目、企业或个人资金需求的活动。按照回报的形式不同，一般可以将众筹分为股权众筹、债权众筹、产品众筹、公益众筹（捐赠）4 种类型，其中对于股权众筹的界定一直悬而未决。

对于股权众筹的性质该如何界定，中国证监会最早关于股权众筹的回应是 2014 年 5 月的新闻发布会："股权众筹融资是一种新兴网络融资方式，是对传统融资方式的补充，主要服务于中小微企业，对于拓宽中小微企业融资渠道，促进资本形成，支持创新创业，完善多层次资本市场体系均有现实意义。近期，我会对股权众筹行业进行了深入调研。目前，我会正在充分借鉴境外监管经验并结合调研情况的基础上，抓紧研究制定众筹融资的监管规则。"

直到 2015 年 7 月 18 日，中国人民银行联合十部委出台了《关于促进互联网金融健康发展的指导意见》（以下简称《指导意见》），规定股权众筹的概念是指通过互联网形式进行公开小额股权融资的活动，其特点是公开、小额、大众。随后证监会《关于对通过互联网开展股权融资活动的机构进行专项检查的通知》明确了股权众筹与互联网非公开股权融资活动的区别，平台不能再使用"股权众筹"的名义进行互联网非公开股权融资。对于大多数平台而言，互联网非公开股权融资业务该如何开展才符合法律的要求，平台性质如何判定的问题仍然悬而未决。《指导意见》对于互联网非公开股权融资的指导意义也就无从谈起。

"基本法"明确提出"支持互联网企业依法合规设立互联网支付机构、网络借贷平台、股权众筹融资平台、网络金融产品销售平台，建立服务实体经济的多层次金融服务体系，更好地满足中小微企业和个人投融资需求，进一步拓展普惠金融的广度和深度。"但遗憾的是，到目前为止，在该"基本法"下，有关政府部门合法合规的实施细则仍未有实质性的跟进，这也使得中国当前的众筹业态仍处在"无章可依"的探索发展阶段。

尽管众筹兴起的时间较短，但目前国内已经出现了许多不同类型的众筹形式。大致上这些众筹形式可以分为产品众筹、股权众筹、公益众筹和债权众筹。基于问卷调查，目前在参与调研的1230家平台企业中，拥有众筹业务的共140家。根据调研，目前国内众筹平台的类型分布如图3.1所示（其中股权众筹按国内证监会的定义主要属于"非公开互联网股权融资"）。产品或项目众筹和股权众筹是当前大多数众筹平台的主要业务选项。

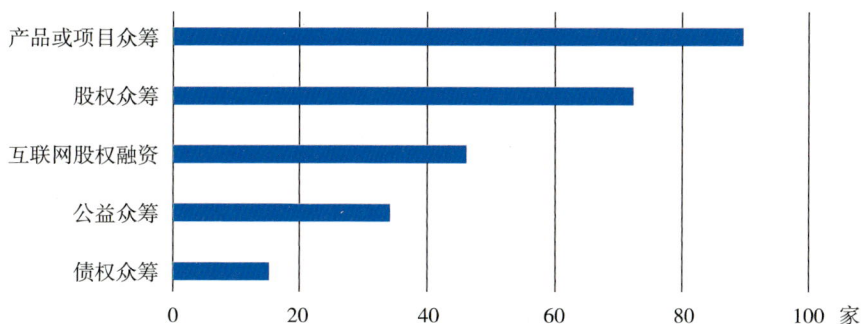

图 3.1　众筹平台的类型分布

（二）众筹平台的最新发展

众筹平台的产生是在互联网出现之后，线下经济活动大规模地向线上迁移的自然结果。尽管中国众筹平台的产生是源于对美国众筹平台的模仿，但在后来的发展过程中，都基于中国国情有所改进和创新。主要原因有：①中国拥有巨大的人口规模和经济体量，资金融通的需求规模非常巨大；②中国国土辽阔，区域经济、社会、文化状况差异巨大，不同地区、不同行业的金融需求复杂而多元化；③相对于西方发达成熟的金融体系，中国的金融体系还很不健全，无论从金融机构的绝对规模、从业人员的素质，还是业务创新层面，都较为落后，导致中国一直处于"金融抑制"的状态，因此对金融创新有多方面和多维度的发展需求。

从众筹领域的发展情况来看，国内众筹领域也已经开始呈现"马太效应"和"寡头垄断"的特征。在股权众筹、产品众筹等不同的众筹类型板块，一般的格局为一两家独大，占据 80% 以上的份额，剩下的市场份额被一些专业化的、细分的、区域性的平台瓜分。有报道显示：截至 2016 年 5 月底，全国各类型正常运营的众筹平台总计 350 家，其中非公开股权融资平台最多，达 140 家。

截至 2016 年 3 月底，在奖励类众筹平台的当月成功项目的筹资金额中，京东众筹反超淘宝众筹，重新位居榜首，当月成功项目的筹资金额为 22 582.44 万元；其次是淘宝众筹，当月成功项目的筹资金额约为 16 908.55 万元，当月成功项目的投资人次高达 106.81 万人次；苏宁众筹排名第三，当月成功项目的筹资金额首次过亿，约为 10 800.39 万元，与淘宝、京东逐渐缩小了差距，当月成功项目的投资人次达到 85.13 万人次；众筹网的 3 月项目数与上月相比有所增加，达到 682 个，但当月成功项目的筹资金额仍不高，仅为 256.99 万元，远低于淘宝、京东、苏宁这三大巨头众筹平台。由此可见淘宝众筹、京东众筹和苏宁众筹这三大电商巨头在奖励众筹平台中仍呈三足鼎立之势。

在非公开股权融资平台中，众投邦作为一家专注于上市资产的非公开股权众筹平台，2016 年 3 月成功项目的筹资金额达到 3713 万元，且 3 月成功项目的投资人次为 58 人次；人人投作为一家专注于实体店铺的非公开股权融资平台，3 月成功项目的筹资金额达到 2488 万元，且成功项目的投资人次达到 254 人次；聚募作为一家专注于早期创业项目的非公开股权融资平台，3 月成功项目的筹资金额达到 1094.4 万元，3 月成功项目的投资人次为 170 人次；众投天地作为一家专门做消费连锁品牌店铺的非公开股权融资平台，3 月成功项目的筹资金额为 225 万元，3 月成功项目的投资人次仅为 46 人次。

二、众筹平台的类型与运营情况

（一）众筹平台的类型

众筹平台一般可以分为 4 类：债权众筹（Lending-based Crowd-funding），投资者对项目或公司进行投资，获得其一定比例的债权，未来获取利息收益并收回本金；股权众筹（Equity-based Crowd-funding），投资者对项目或公司进行投资，获得其一定比例的股权；回报众筹（Reward-based Crowd-funding，也叫产品或项目众筹），投资者对项目或公司进行投资，获得产品或服务；捐赠众筹（Donate-based Crowd-funding），投资者对项目或公司进行无偿捐赠。其中回报众筹对于一些处于初创期，需要硬件支持的企业来说是一种降低成本，扩大影响的好办法。当前风靡全国的共享单车，就有一家是通过此种方式起步的企业。

ofo 公司在初创期成功地采取了回报众筹的方式，获得了第一批校园共享单车。2015 年 6 月，ofo 在北京大学推出共享计划，成功获得 2000 辆共享单车。最初一批共享单车的捐献者将闲置不用的自行车交给 ofo 上牌、喷漆、换锁，同时获得 100 元现金以及终生免费骑行权等收益和服务。接下来 ofo 又将这种模式在其他高校推广。2016 年 11 月 17 日，ofo 在北京召开城市战略发布会，宣布正式开启城市服务，启动"城市大共享"计划。该计划面向自行车品牌与厂商开展合作，同时接入并共享市民闲置的自行车。由回报众筹的共享单车开始，ofo 从北京大学出发，走向了全国的各大高校、城市，并不断拓展（图 3.2）。

图 3.2　ofo 共享单车

（二）众筹平台的运营

众筹平台的一般流程如图 3.3 所示：①平台运营主体构筑联结发起人（资金需求方）和投资人的互联网平台；②在平台上，资金需求方发布筹资项目，投资人选择可出资的项目；③需求方和平台设定筹资目标和筹资方案，出资方确认项目和认定出资额；④需求方获得融资和出资方确认投资；⑤发起人执行项目，平台会同出资方进行适度监管；⑥项目完成，各方按约定分享收益。

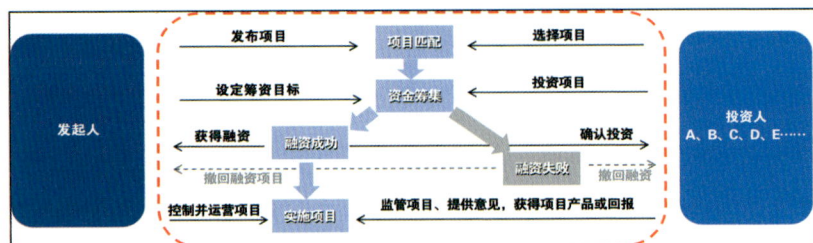

图 3.3　众筹平台的业务流程

单纯就股权众筹而言，目前主流的众筹平台的运营一般采取下述方式：①平台制定标准发展投资人会员；②在投资人会员中确认领头人；③创业团队发布融资需求，平台参与评估和推介，由领头人决策是否领投，投资人会员决定是否跟投；④确立投资份额和实际投资人，资金募集到位后由所有参与的投资人成立有限责任公司，如参与人数较多则采取代表人代持股权的方式；⑤公司成立，股权众筹项目完成。

众筹平台上的投资人能否获得出资收益或怎样获得投资收益直接关乎平台的生存，因此众筹平台业务模式设计和投资人的投资偏好密切相关。课题组在问卷调研中要求众筹平台填写其平台上投资人主要的投资退出方式，并按照比例进行排序，调查结果（图3.4）发现，股权转让是绝大多数投资人采取的退出方式。课题组在实际调研过程中也了解到，众筹平台上的投资人，尤其是专业天使投资人和机构投资人，普遍会选择持有股权到下一轮融资或是上市，考虑到众筹平台的成立的年限一般少于3年，而一个创业项目到获得B轮、C轮融资需要3年甚至更长时间，所以目前阶段实际投资人退出的比例并不高，大多数股权投资都处于项目持有期。

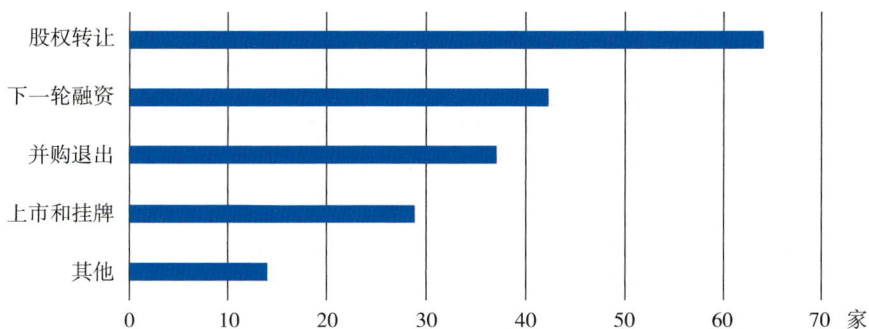

图3.4 股权众筹平台的退出方式分布

这也表明，到目前为止中国大多数众筹平台尚未建立起相对清晰的股权退出路径，影响到了当前众筹平台的规范化发展和专业化分类发展。一般而言，对于专业的个人和机构投资者，其更关注的是投资企业的成长，退出方式是会等候投资企业的下一轮融资或上市。而对于机会"投机型"的一般投资者，则可能需要建立起更为便捷的退出机制。

众筹平台的盈利主要依靠 2 种方式：一是收取佣金；二是事前约定把平台提供的服务作为股权介入。根据问卷调查结果显示，盈利困难是众筹平台目前普遍面临的首要问题（图 3.5）。课题组在调研过程中也发现，虽然部分众筹平台已打算建立基于平台的股权交易市场，但主要由于法规的滞后和交易成本等原因，目前尚未有成熟的案例出现，这也直接影响到平台盈利模式的建立。

盈利困难也反映了大多数平台尚处于起步阶段。问卷中平台反馈的问题总数为 324 个，其中反映平台盈利困难、网上募集资金难度大、缺乏合格投资人、政策法规缺失、项目质量不高等普遍性问题的共有 219 个，占问题总数的 67.6%。

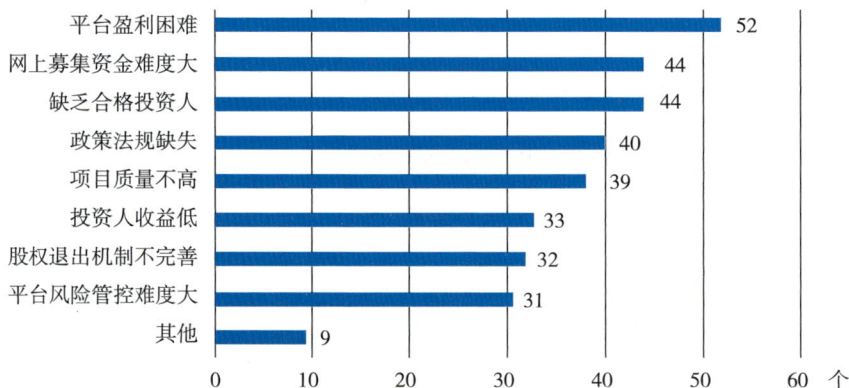

图 3.5　众筹平台面临的问题分布

在调研过程中也发现，目前互联网众筹平台普遍尚不具备通过线上手段解决风险控制的能力（对于风险控制问题，传统金融机构可通过线下手段解决），当前"跑马圈地"式的盲目发展也部分引发了欺诈和违约等现象。由于线上开展创业融资活动存在很多无法"外显化"的隐性信息，导致欺诈风险很高，即便对蚂蚁金服这样的大型平台而言也很难解决。

三、众筹平台的作用分析

（一）众筹平台的外部性溢出作用

众筹平台能够为国民经济体系注入新的活力。金融作为整个经济体系的"血液循环系统"，其发达程度决定了经济体系新陈代谢水平的高低。金融发达能够更好地应对技术、政治、文化因素变化导致的环境变化，实现对新技术、新产业、新社会形态的支撑。现代金融制度出现以来，尽管经过几百年的发展已经建立了整个"血液循环系统"的主要架构和脉络，但由于技术手段的限制，整个金融制度覆盖的范围、覆盖的深度还远未完备。众筹平台的出现恰如延伸了整个经济体的"毛细血管"，使金融更深入和广泛地扩散到经济系统的体表和器官内部，既为经济系统注入了新的活力，也提高了整个系统对于环境和内部变化的自我适应能力。

众筹平台能够让大众分享资本市场的"利得"和收益。这主要表现为：①互联网的接入成本低，原先没有资格参与金融业务的群体，现在也有机会进入，使资本投资收益由"小众"走向"大众"，由"专属"或垄断性质走向"普惠"性质；②基于互联网的信息沟通没有时空距离，资本投资或金融交易变得"去中介化"，这就使得资本投资或金融融资"利得"更向惠及直接资本交易的双方倾斜，从而使得更广泛的参与者能够更大程度地分享资本收益。

众筹平台本身将会成为新兴的经济业态，成为与金融行业紧密相关的新经济部门。众筹平台事实上拓展了以往类似证券公司（承销商、保荐人）等传统金融部门的中介角色和组织范围，成为新经济时代能够自身取得资本收益的新经济部门。以往金融因为其工具和方法的局限，只能作为专业门槛比较高的领域，机构和组织的范围受到局限。众筹平台使得小额分散融资在实际操作层面及经济上成为可能，带来了金融行业新的突破，这使得如天使汇这种新兴业态闯入者大量出现，其扩大了金融业的组织边界，也使得以往由于不能覆盖成本而无法获取收益的金融业务成为新的盈利空间。如天使汇的"闪投 Speed Dating"创业融资线下路演，正在成为天使汇融资服务的一个重要业务板块。

天使汇发现投资人在融资过程中看中的不仅仅是创业项目的商业模式和产品逻辑，对创业者个人在资本驾驭、团队管理方面的经验和天赋也十分关心。部分投资人在线上看了项目资料后仍希望能够面对面与创业者交流以增进了解。但传统项目路演方式效率极低，以两三个项目与十几位投资人匹配的方式要达成融资意向并不容易。创业者和投资人因此都要花费大量时间和精力多次见面，有些创业者甚至要奔波多个城市才能最终完成项目融资。于是，天使汇推出了"闪投 Speed Dating"这种颠覆传统的创投玩法。"闪投 Speed Dating"让创业者一次性面对 50 位以上相关领域投资人，每次路演均有 8～10 个经创投经理严格筛选过的项目参与，对创业者进行平均 1 周以上 Pivot 培训，3 次预路演，保证了路演项目与投资人的精确匹配。投资人上午观看创业项目路演，中午与创业者共进午餐，下午对感兴趣的项目创业者进行约谈。在线下初步达成投资意向后，投资人可在天使汇网络平台对创业项目进行投资，其他未在闪投现场观看路演的投资人也可根据现场投资人的判断跟投。通过"闪投 Speed Dating"，投资人与创业者最快可在 1 日之内达成投资意向。

（二）众筹平台对金融的促进作用

众筹拓展了金融的行业边界，突破了传统金融行业的固有局限。传统金融业务尤其是投融资业务是服务业中门槛最高、专业化程度最高、风险最高的行业之一，这是由于金融在本质上是一种"信息密集型"行业，信息不对称和信息垄断导致该行业的边界清晰、参与主体有限、交易成本很高，因此，投融资领域一直是一个较为封闭的（信息极不对称导致）、面向小众的行业门类；而互联网的出现使得信息不对称的程度大为降低，使得金融行业可以通过互联网扩展疆域。

众筹平台对金融活动的作用主要表现为对存量的优化和对增量的拓展。众筹平台降低了参与股权融资活动的投资人和融资项目的门槛、降低了融资过程的交易成本，从而极大提高了社会直接融资规模，使得大量"非高值"群体也能参与股权投资和债权理财，让一些融资额度并不大，原先只能靠自有资金、亲友借款和银行贷款的创业项目能够进行股权融资，从而提升了融资活动的"发生度"。从整体来看，基于互联网的众筹平台能够打破时空界限，覆盖更多的投资人和融资项目，使得钱和项目的匹配在更广的范围内进行，这就增加了投资人找到想投的项目及项目找到最合适的投资的概率。无论是股权融资活动，还是债权融资，其发生频率、整体规模都得到极大的提高，从而优化了社会存量资金的使用，也极大拓展了社会融资的增量。

众筹平台提升了融资活动的质量。伴随着互联网线上交互方式的更加丰富，更加便捷及交易的安全保障机制更加完善，众筹平台上融资的信息不对称程度大大降低，而且线上发生的行为有记录，可追溯，其安全性大大提高。随着领投、合投等新的投资模式的出现，众筹平台上的投资决策质量提高。互联网技术的应用在大规模提升投融资活动数量的同时，也提升了投融资活动的质量。

蚂蚁金融云依托阿里巴巴和蚂蚁金服在云计算领域积累的先进技术和经验，集成了阿里云的众多基础能力，并针对金融行业的需求进行定制研发。蚂蚁金融云作为蚂蚁金服"互联网推进器计划"的组成部分，是一个开放的云平台，它助力金融创新、金融机构的IT架构实现升级，构建更加稳健安全、低成本、敏捷创新的金融级应用，使金融机构可以更好地服务自己的客户。

众筹平台可以缓解小微企业的融资困境，推动普惠金融发展。调查发现股权众筹更多表现的是一种针对高成长预期的小微企业的、独立于正规金融体系之外的新兴投融资，其最大的创新在于完全打破了传统证券融资的体系和流程，普通民众可以通过众筹平台直接参与初创企业的股权投资，与企业共担风险和共享收益。同样，初创企业也借助众筹平台开展互联网直接融资，融资渠道被有效拓宽，提高了融资成功率。由此，股权众筹既能帮助普通个人投资者更为便捷地向小微企业投资，也可帮助初创企业融到初期资金，能有效促进金融公平、推动普惠金融发展、刺激金融创新和增进社会公平感。同时，也利于分散融资风险，增强金融体系的弹性和稳定性。

众筹平台有助于国内多层次资本市场的建设。由于公司在各个阶段吸引的投资类型不同，股权众筹主要作用在项目初创阶段，是对天使投资的补充，为许多小型创业者提供更多微型融资。目前中国金融业微观基础不健全、宏观调控作用机制不畅通，直接融资和间接融资比例不协调，中小金融机构发展滞后，货币型金融市场偏高，货币市场工具相对短缺，债券种类结构不合理，金融衍生工具缺乏，金融市场空间结构、产权结构、治理结构、组织结构还需要完善。众筹模式的出现打破了以往金融中介的中间层壁垒，使拥有闲散资金的普通投资者和有丰富经验的专业投资者都可以直接接触到各种投资机会，并与筹资者直接交流，信息不对称现象大为改观，众筹实际上是在现有资本市场分级设计的制度之外又扩展出了一块新型的大众可参与的资本市场。尽管这一市场建设尚有待于制度规范，但其演进的方向是对传统金融的有效补充，并且可倒逼传统金融系统的改革，促进金融市场繁荣。

（三）科技众筹助力大众创新创业

科技领域成为众筹行业的"金字招牌"。当前，中国各大众筹平台已基本覆盖了工艺、娱乐、文化、科技等多个领域项目，但最吸引投资人的当属科技产品众筹，包括智慧交通、虚拟现实、人工智能、电子通信等科技领域（表 3.1）。2015 年，产品众筹实际筹资排名前 15 的项目中，有 10 项属于科技产品众筹，如快充移动电源、智能净水机、智能行车记录仪等。股权类众筹平台更是与科技创新高度结合，越来越多的股权类众筹平台涉足科技领域。例如，浙江聚募平台将众筹引入制造业领域，与科研院所开展技术熟化众筹项目，通过众筹促进科技成果资本化和产业化。

表 3.1   国内科技类产品众筹项目实际筹款金额前 10 名

众筹平台	项目名称	已筹资金（万元）	支持人数
京东众筹	PowerEgg 无人机	10 132	65 251
京东众筹	小牛电动 M1 智能锂电踏板车	8138	96 632
京东众筹	小牛电动智能锂电电动踏板车	7202	114 159
京东众筹	魅族快充移动电源	6220	88 302
苏宁众筹	Citycoco 电动滑板	5107	27 741
苏宁众筹	Benelli 全路况欧式陆巡拉力车	4100	23 218
淘宝众筹	小米旗下一款手机	3559	35 595
淘宝众筹	凯迪仕 K7 推拉式云智能指纹锁	3039	1598
苏宁众筹	NANO 琅龙无人机	3001	33 165
淘宝众筹	HornetS 大黄蜂无人机	2921	147 089

　　以众筹为核心形成"技术—资本—产业"创新生态。众筹不仅筹资金，还能筹人脉、筹智力、筹销售，帮助初创企业顺利度过"死亡谷"。淘宝众筹联合创业孵化平台"阿里云"、股权众筹平台"蚂蚁达客"、生产制造商富士康等，为参与众筹的项目或企业提供从研发、规模生产、市场渠道、经营和品牌等各环节支持，实现从创意到产品、产业化的全链条服务。京东众筹将其京东商城、京东智能等资源与众筹项目对接，提供资金、销售、广告等增值服务，对于部分成功项目，采取服务换股权的方式，共享企业发展红利。

阿里巴巴搭建了"阿里云创客+""淘宝众筹""蚂蚁达客"三位一体的"双创"孵化生态圈。其中,"阿里云创客+"聚集百亿资金,提供包括创业资金、入驻场地等硬件资源,对接创投机构、创业指导中心、技术培训中心等服务,为创新创业提供系列扶持。"蚂蚁达客"则主要是围绕项目开展股权众筹的平台。在淘宝众筹平台参与众筹的项目或企业,不仅可以通过该平台进行市场推广和获得资金支持,同时还能够得到覆盖生产、渠道、经营和品牌等多环节的创新支持。此外,阿里巴巴还与富士康共同发起"淘富成真",帮助创业者实现从"创意—产品—产业化"的过程。

京东众筹已经形成了包括京东资源、投资、全产业链服务和培训的四大体系和一站式创业创新服务平台。凭借其在供应链、资源整合等方面的优势,为众筹项目的筹资人提供资金、销售、营销、广告、法律咨询、财务等多方面的附加服务。其中,京东商城、京东到家、京东智能等资源可以直接与创新创业企业对接;雏鹰计划、京东众创基金、众创学院和小众班可以直接帮助、培训成长期企业,完成项目资源与资金的对接;B2B平台"众创+"及"赴筹者联盟"可提供全链条服务。此外,京东众筹表示,众筹平台本身也是发现好项目和资源的平台,项目不仅可以在早期获得相关生态圈的服务,一些特别成功的项目,因为众筹打开了市场的销售渠道,破解了一些新产品市场推广难题,京东众筹可以将服务费转化为股权投资。

科技众筹对社会创新创业的重要意义。科技众筹可以与创新创业的许多领域结合,一方面通过科技产品众筹,解决产品研发过程所需的资金;另一方面,有助于研发的顺利进行,研究人员能根据用户的需求导向更好地实现产品开发。此外，科技众筹对于股权众筹的试点研究也有积极意义。科技众筹的发展思路和建议如下：

一是探索"先产品、后股权"的众筹模式。从市场发展看，产品众筹仍是市场主流，而股权众筹在当前政策尚不明朗的情况下，可能会存在非法集资隐患，并存在将高风险转嫁给普通大众的可能性，因此应稳步推进。建议率先在高新区探索产品众筹和股权融资相结合的发展机制，先开展科技产品众筹，对科技产品众筹成功的企业，遴选部分探索开展股权众筹试点，逐步将此模式推广开来。

二是开展产业众筹平台试点。推动众筹与产业结合，按照文化创意、智能硬件、新能源汽车等重点产业领域，遴选一批专业能力强、产业资源丰富的高校、科研院所、龙头企业和专业众创空间试点，建设产业众筹平台，整合资源，形成"产业众筹平台＋众创平台"的生态模式，同时引入天使投资、创业投资和商业银行支持，形成市场导向的产业创新生态。

三是推动众筹与创业大赛、创新挑战赛等对接。对接中国创新创业大赛，依托科技众筹平台，对于优胜企业提供产品、销售、融资等服务。推动众筹与众包结合，一方面通过众筹解决创新挑战赛中的资金需求，另一方面通过此种机制设计打消社会资本参与科技成果转化的顾虑，促进挑战赛研发成果尽快实现转移转化，同时解决了科研人员无法脱离原有工作体系来参与管理的难题，能够推进研发转化进一步沿着商业化、市场化的方向前进。

四是研究制定"科技众筹"的政策措施。大量创新技术待价而沽是一个机遇，应将技术创新优势与资金、产能、市场优势结合，研究制定科技众筹平台的标准和规范，出台鼓励科技众筹的指导意见和实施细则。健全科技众筹的知识产权保护机制和法规体系，引导科技众筹平台建立众筹企业信用评价体系，鼓励银行、投资机构、担保机构开发新产品，为众筹企业提供投贷联动、众筹保险、金融服务等。推进"大众创业、万众创新"是需要社会各方面协同运作的长期工程，继续完善政府扶持政策、培养国民创业意识、加强产学研一体化、有效引导社会资本、发展多层次创新创业平台，努力探索具有中国特色的创新创业服务模式。

五是推动众筹与众创空间结合。依托众创空间（科技企业孵化器），选择其中符合条件的科技型小微企业（创业企业）作为众筹的发起方，与国内知名的众筹平台合作，通过平台为创业企业的新产品提供推广、销售、测试等服务。同时，引入天使投资、创业投资机构和商业银行，对开展众筹的创业企业给予资金支持。众创空间在其中可以发挥中介服务作用，一方面为众筹平台推荐合格创业企业，另一方面也通过自身服务为创业企业增信。

四、区块链技术与股权众筹

区块链（Blockchain）是一种创新的分布式交易验证和数据共享技术，通过构建 P2P 自组织网络、时间有序不可篡改的密码学共享数据库、分布式共识机制，实现多（去）中心信任。区块链技术能够广泛应用于金融行业，从而使得金融交易的清算时间、交易成本和交易对手风险都大幅下降。

区块链技术应用到股权众筹领域，有以下优势：一是更加公开透明和真实可信，信息对投融资各方更加对称，记录难以篡改、伪造、删除；二是促进股权流通和资源共享，股权转让和登记更安全便捷，众筹平台之间投资人和项目可共享。主要涉及以下方面：

1.股权登记管理

股权登记是证券市场交易安全的基本保障，对股权众筹而言，登记管理极为关键。一方面，登记发挥着向社会展示当事人股权的公示作用，让潜在的交易主体了解特定的权属状态，通过登记权利的正确性推定效力，维护交易安全；另一方面，登记也是股权交易的关键环节，记录股权所有者的转移。区块链独特的身份账户体系，记录的股权可以作为股权登记的电子凭证。

现有非上市股权管理，通常情况下，需要通过人工处理纸质股权凭证、期权发放和可换票据。如果出现频繁的股权变更，股东名册的维护将变得繁琐，历史交易的维护和跟踪也变得困难。即便目前相关管理办法规定设立企业，其发起人不得超过 200 人，但对于参与股权众筹的企业来说，就算只有几十位众筹股东，在办理股权登记时仍然非常麻烦，花费了很多时间。区块链技术将会对这一切进行数字化管理，使其变得更加高效和安全。区块链众筹股权登记，将充分利用区块链账本的安全透明、不可篡改、易于跟踪等特点，记录公司股权及其变更历史。

2.股权转让流通

对于股权众筹而言，股权流通是业务的重要一环，能够激发用户的活跃度，促进更多的登记发行。传统的 OTC 场外股权交易，以交易双方的信用为基础，由交易双方自行承担信用风险，需要建立双边授信后才可进行交易，而交易平台集中承担了市场交易者的信用风险。

区块链技术可以降低交易的信用风险。股权的所有权登记在区块链中，股权交易必须要所有者的私钥签名才能验证通过；交易确认后，股权的变更也会记录在区块链中，从而保障交易双方的利益。区块链技术的应用，简化了股权转让的流程，同时降低了交易平台的信用风险。

3. 众筹智能合约

在股权众筹发起初期，由发起人、众筹平台、领投人、保荐人等多方共同签署一份众筹合约，来约定各自的责任与义务。这份合约可以用智能合约的形式存入区块链中，由区块链确保合约履行中不被篡改。

不同于股票市场，股权众筹没有完全的信息公开和透明的市场价格，不可避免地会出现隐性风险，可以归结为信息不对称引起的投资风险。为了解决这个问题，通过区块链技术应用，把各家众筹平台的零散信息汇聚起来，形成一个强大的众筹联盟。

第四章

众包平台研究

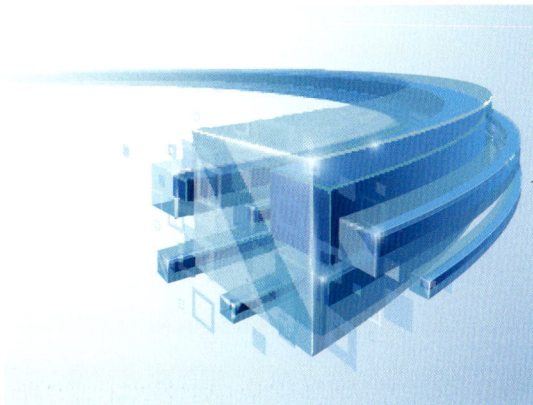

众包模式是适应互联网时代的一次对企业任务调配的创新，是信息爆炸背景下快速、低廉获取大量有用信息的模式。众包平台的产生，使得企业往往只需要为贡献者支付少量报酬，就可以让更多优秀人才完成特定任务。众包平台是对社会分工组织的突破和创新。

一、众包平台的产生与发展

众包指的是一个公司或机构把过去由内部员工执行的工作任务，以自由自愿的形式外包给非特定的大众网络的做法。众包的任务通常是由个人来承担，但如果涉及需要多人协作完成的任务，也有可能是以依靠开源的个体生产的形式出现。这种工作可以是开发一项新技术，完成一个设计任务，改善一个算法，或者是对海量数据进行分析等。鼓励用众包等模式促进生产方式变革，每个人都能以个体为单位参与全球合作与竞争，聚合员工智慧和社会创意。

（一）众包平台的内涵

众包似乎看起来陌生，但实际上已深入渗透到我们的生活之中，如大众点评网，它提供服务的模式实际上就是众包。将原来由专业的点评家所做的服务点评工作，通过自身的互联网平台转移给大众群体无偿完成，从而获得覆盖广泛、真实有用的信息。通过众包这种模式，大众点评为顾客提供了优质的参照信息。

众包缘起于互联网，当一些公司在网络上公开其产品源代码时，这些产品却意外地得到大众创意的改进，这些免费的群体智慧促进了商业的飞速发展。2006 年，美国《连线》杂志记者杰夫·豪首次推出众包概念。众包根植于平等主义原则，每个人都拥有对别人有价值的知识或才华，众包作为桥梁将"我"和"他人"联系起来，使每一个人得以在不止一种职业上追求卓越。

众包本质上仍是一种分工协作方式。但与以往传统的组织内部的协作分工不同，现代意义上的众包有 3 个显著特征：①自由自愿。承包人的接包行为是出自个人意愿，而非组织强迫。②面向非特定大众。这是众包最显著的特征，也是众包中"众"字的含义体现。以往的分工行为多在组织内部，往往面向特定岗位的特定人员，注重稳定性和持续性。而众包正好相反，其任务承包面向非特定大众，关注最优匹配，而非接包人员的稳定性。③基于互联网。互联网是众包在操作层面上得以实施的技术条件，否则将会导致信息沟通成本和搜索成本过高，最优匹配带来的额外效用被抵消。

众包平台是从"线下协作"到"在线协作"的高级阶段。线下协作古往就有，而在线协作在软件时代甚至之前也已经出现。例如，企业内部的电话系统可以看作是一种最早的在线协作系统，但这一系统仅限于传递语音信息，协作能力十分有限。随着信息技术的进步，企业开始进行信息化改造，企业内部的信息系统，小到 OA 系统，大到 ERP 和 SAP 系统，可以看作是一种成熟的、高级的在线协作系统，但该阶段的协作还主要限于企业内部和关联厂家，面向特定岗位。只有进入互联网时代，互联网覆盖规模的扩大和搜索成本的降低，才使得大规模以低于组织内部协作成本或邻里协作成本的分工协作成为可能，由此出现了现代意义上的众包平台。所以，众包平台相对于之前的线下协作和在线协作，最大的变化是充分利用互联网技术，在协作模式上实现了由内部到外部，由特定到不特定的突破。

（二）众包平台的最新发展

当前中国众包平台的发展也日新月异，阿里、京东、百度等众包平台依靠大企业优势已经形成领军态势。猪八戒网等专事众包平台业务的企业依靠先发优势在不断壮大和巩固地盘，尤其是随着众包市场的不断扩大，在创意设计、软件外包等细分领域开始出现新生的专业化众包平台，从而形成了由小到大梯次型的众包平台发展格局。众包平台在整个经济体系运行中扮演的角色也渐趋稳定，不同的行业根据其专业门槛的高低和任务确定性高低，发展出不同的众包应用模式。出行、物流，如打车、外卖、货运等行业的众包模式走向普及，而在创意设计、软件编程、生活服务等领域，众包模式也蓬勃兴起。

Waze 是以色列的一款地图应用，这款地图应用同时受到 Google、苹果等大公司的青睐。热衷的原因是 Waze 是一款众包地图，它不仅能利用移动设备的 GPS 信息来获取有关路面交通流量信息，向汽车驾驶员提供更好的行车路线。同时，它拥有数万名会员帮助其编辑地图和添加一些细节信息，如特定加油站的汽油价格，或是驾驶员在何处应留心超速监视区和避免发生交通事故等。每一位成员小小的贡献集腋成裘，从而产生巨大的商业价值。

众包平台基本分为 2 种类别。一种是营利性的特定任务的众包平台，如任务中国、猪八戒网和一品威客等；另一种是非营利性的主题性的众包平台，如维基百科、某些开源软件项目等。由于商业利益的驱动，第 1 种类型的众包平台的发展要快于第 2 种类型的众包平台，因此在此重点阐述第 1 类众包平台的发展。

特定任务类的众包平台开始一般采取收取交易佣金的方式获取收入，如猪八戒网，对在平台上成交的交易收取交易金额 20% 的佣金（后来对机构用户取消佣金，但是对于个体仍然收取）。这样的盈利模式存在一个很大的问题，那就是无法制止"翻墙交易"，而且众包平台之间竞争激烈，收取佣金也降低了平台的竞争力和用户的忠诚度。因此，随着时间的发展，众包平台在传统的收取佣金的盈利模式之外，也开始探求新的盈利模式。

以猪八戒网为例，猪八戒网走过的 10 年中，有 7～8 年的时间是采用雁过拔毛式的佣金模式，佣金收入曾一度占到整个平台约 90%。但随着交易规模扩大，这种模式常常遭遇买卖双方"翻墙交易"，跳单量甚至大于交易量，这一度使得平台交易规模和企业增长速度都不温不火。为此，猪八戒网开始寻求新的盈利模式。2015 年 6 月，猪八戒网在完成 C 轮融资之后，宣布执行平台零佣金制度，不再收取 20%的交易佣金。在执行零佣金制度之后，猪八戒网开始构建"数据海洋与钻井平台"的商业模式：免掉佣金，利用平台多年交易留存的大量的用户和数据，在数据中"掘金"，提供延伸服务。例如，通过平台设计 Logo 的企业一般都会注册商标，于是猪八戒网推出了商标注册的服务。仅此一项在开展不到 1 年的时间里，月均接单量就达到 11 000 件（全国每天申请注册商标 7000 件，猪八戒网就有 2000 件）。2016 年，该项业务的预算收入可达到 7.8 亿元。此外猪八戒网还在全国范围内实施新一轮的业务扩张，包括该网与地方政府在小微企业孵化、产业经济培育、社会公共治理等方面的深度合作，目前"八戒城市"项目已经完成了前期试点，按照计划，2016 年，"八戒城市"会在北京、上海、天津等 30 多个城市落地。

二、众包平台的模式与运营情况

（一）众包平台的模式

众包平台的组成和众包过程通常体现了 3 类主体的参与：①发包方。有技术需求或其他问题需要解决的人或企业发布众包任务。②接包方。数量众多的网络用户承接发包方的任务，可以是专业人士，也可以是非专业的兴趣爱好者。③平台的运营主体。是沟通发包方与接包方的桥梁。基于本次对参与调研的 158 家众包平台的调查，目前众包平台上的机构接包方占比为 69%（图 4.1），从这个意义上说，目前国内众包平台很大程度上对接的是机构或组织间的合作。

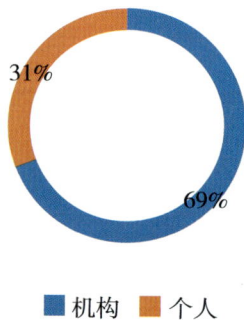

31%

69%

■ 机构 ■ 个人

图 4.1　接包方的类型分布

众包平台业务一般流程如图 4.2 所示：发包方通过与运营主体（通常是网站）合作，并缴纳保证金，在网站平台—任务库中发布需要解决的任务、课题及相关要求。接包方通过注册的方式进入任务库寻找适合自己的课题并投标，课题完成后提出的解决方案由平台反馈到发包方，发包方对方案进行筛选并审核通过后，运营机构兑现酬金，若没有通过则返回到任务库，进入到下一个任务的解决过程。

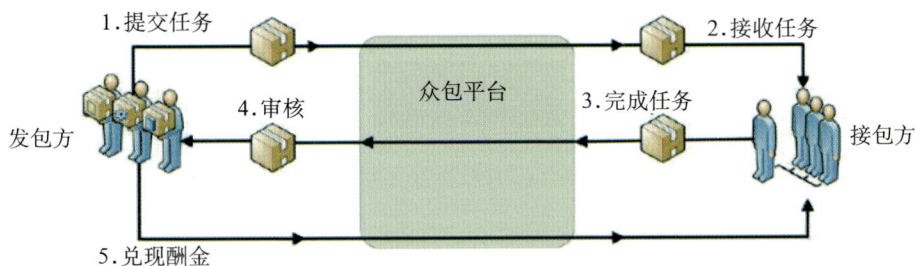

图 4.2 众包平台业务的流程

对于众包的内容，根据市场（需求）的不确定性和任务的不确定性 2 个维度可以划分为如图 4.3 所示的 3 种类别，即专业知识类（特定任务类）、创意类和试验类（技术研发类）（表 4.1）。

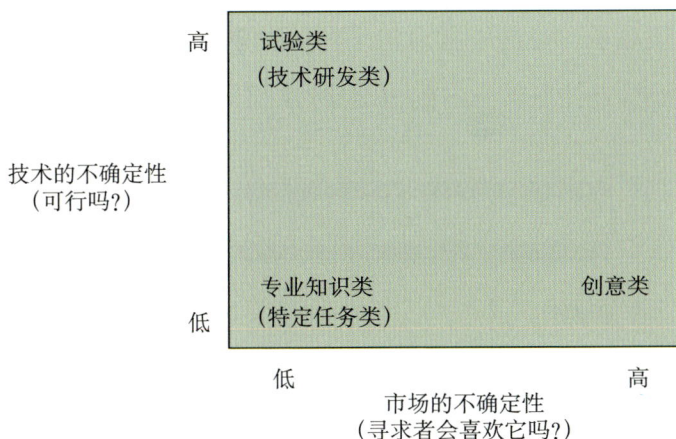

图 4.3 众包的内容类别划分

表 4.1　众包的内容类别解释

项目类别	项目特征	解答者的行为
专业知识类（特定任务类）	任务的确定性程度高（循规蹈矩的解决方案）	投入努力来改进已存在的专业技术难题，如修改现有的工艺设计来适应新的生产场所
创意类	由于创新问题的解答方案没有清晰的描述，导致绩效函数中存在不确定因素（如发起者的偏好）	投入努力来创作最好的创意或解答方案，如设计下一代黏合剂
试验类（技术研发类）	创新问题的解决方案具有明确的目标，但由于解决目标的高度明确性，在如何改善解决方案方面造成了不确定性	通过实验尝试许多解答方案，然后挑选出一个具有最好绩效的解答方案，如研发一种减少白头发的药片

（二）众包平台的运营

问卷调查显示，目前中国众包平台的主要任务类型是创意设计类和技术研发类，而特定任务类只占到 10% 左右（图 4.4）。

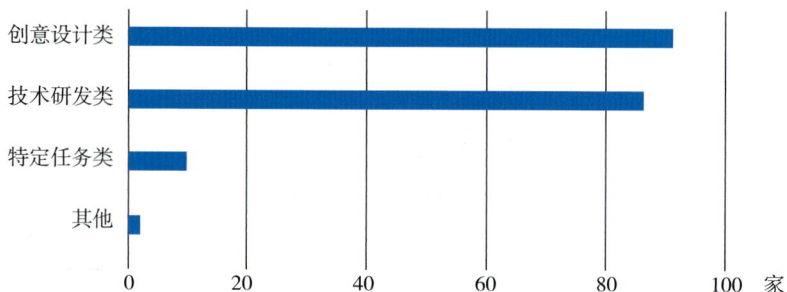

图 4.4　众包平台的任务类型分布

对于众包任务分发和完成的匹配机制，调查显示目前平台和发包方主要采取的是招标制，雇佣制和计件制采用的比例也较高（图4.5）。

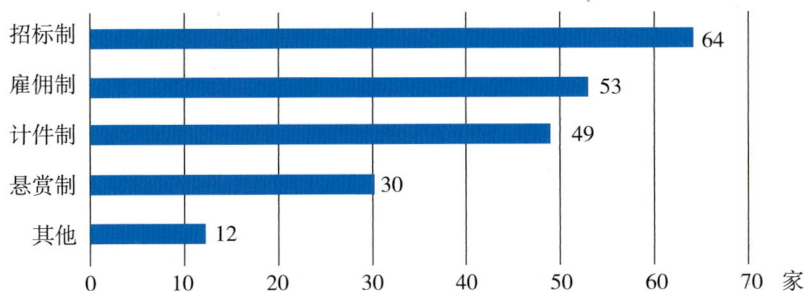

图 4.5 众包平台的发包方式

课题组对众包平台的核心竞争力展开了调查，调查结果显示：客户资源丰富排在众包平台核心竞争力的首要位置，而增值服务能力强、有信用保障和用户满意程度高等几个指标则紧随其后（图4.6）。

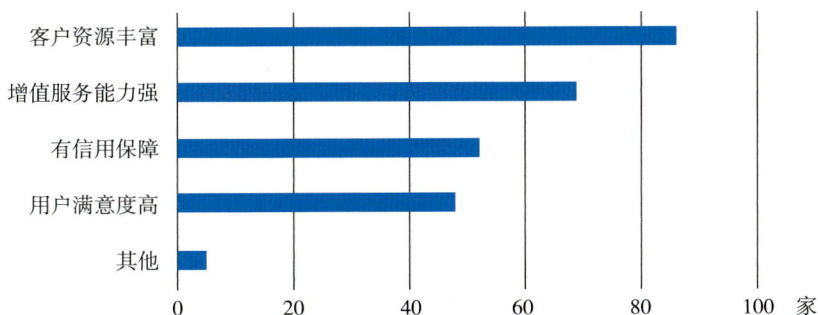

图 4.6 众包平台自身核心竞争力评价

对于众包平台的信用保障机制的建立，调研结果显示：当前大多数众包平台采用效果评估的保障机制，占比约为54%（参与调研的众包平台总数为158家）；而信用违约处罚、风险保证金和积分评级制度也是较为主流的信用保障机制；也有不到 30 家平台采用押金制度提供信用保障（图 4.7）。

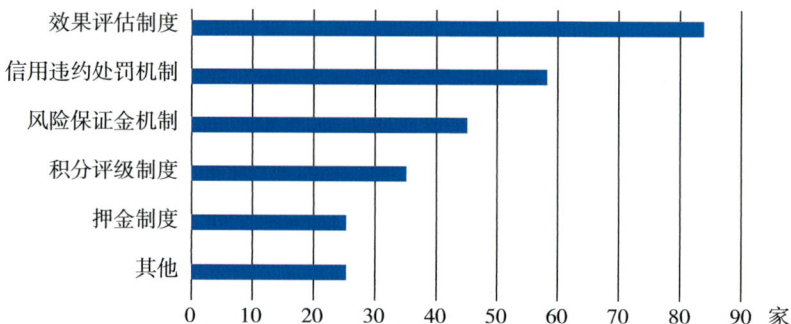

图 4.7　众包平台的信用保障机制

关于众包平台当前面临的问题，调查结果显示，平台盈利困难是面临的最大问题，反映该问题的平台数超过 80 家。而其他问题主要表现在较难征集到有效需求、较难获得承包方对需求的积极响应和交易保障机制不完善等。除此之外，平台的专业化服务能力不足也比较突出（图 4.8）。

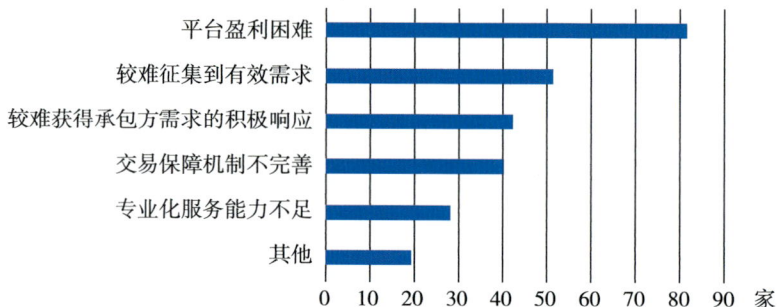

图 4.8　众包平台面临的问题

结合调研，对众包平台当前面临的问题可就内部和外部两个方面做简要分析。

内部问题方面：①由于众包平台在促进交易的各个环节上（尤其是在交付环节）缺乏有效的交易保障机制，导致众包平台的用户体验较差，限制了自身的发展；②到目前为止，众包平台普遍缺乏清晰的盈利模式，导致自身盈利困难。

外部问题方面：①由于当前绝大多数的专业分工仍局限在传统组织内部，企业尚未形成通过众包平台分解任务的习惯，导致流向众包平台的任务需求受到局限；②由于现有的税收、行业监管等整套治理体系都是建立在传统组织内部和企业之间的分工基础之上的，众包平台的活动边界不受监管和保护，这就导致众包平台自身的发展存在不确定性。

三、众包平台的作用分析

众包平台面向社会大众提供了一种任务分工的高效率组织形式，向机构和个人提供了巨大的创新创业机会，同时这种机会和规则的建立对于个体而言又是平等的，有利于促进社会的公平、公开、公正。

（一）众包平台的"双向"孵化功能

就众包平台与创新创业的关系而言，众包平台具有"双向"孵化功能。首先是对众包平台上接包的个人和小团队的孵化作用。众包平台上的接包者，在连续的接包行为中不断积累口碑和信用，带来接包数量和规模的增长。而增长到一定程度，接包者就会考虑组建自己的团队成立公司。其次是助推和孵化发包方中小企业。众包平台上发包的主流群体是对成本敏感的中小企业。同样的 VI 设计，一个专业设计公司的报价可能高达几十万上百万，而在众包平台上以众包的方式完成可能只需几千块钱。众包平台为发包方中小企业 (也包括初创企业) 降低了生产和经营成本，助推了小微企业的健康成长。

值得一提的是，如猪八戒网和一品威客这样的平台，在起始期，平台对发包方和接包方的这种孵化作用并不是有意识的，也可以说这种作用是众包平台商业模式自然驱动的结果。但随着这种孵化结果的真实呈现，众包平台现在已经认识到自身"无心插柳柳成荫"的特性，已经开始主动和深度介入到创业孵化领域当中。并且，由于在众包平台上的创业一般都是基于已经有客户和需求的创业，因此，这样的创业要比其他类创业的风险更低，也更稳妥和扎实。实际调查也表明，众创平台上的创业公司创业期倒闭的案例很少。

就我们调查的结果看，猪八戒网和一品威克在这两个方面都发挥着很大的作用，现在通过它们之中任意一个，每年诞生的创业公司都能达到上千家。以猪八戒网为例，猪八戒网近 2 年来频频与地方的产业园区合作，建设众创空间，提供创业孵化服务。一方面，猪八戒网通过自己的平台引流，让众创空间里的创业团队获得订单，尤其是那些设计领域的创业团队，猪八戒网上有大量的设计需求。将这些需求导向创业团队，对于它们的生存和发展至关重要。另一方面，众创空间里的创业团队同时也有 VI 设计、商标注册、文案策划、营销推广方面的需求，猪八戒网通过自有的 (猪八戒网有自己的商标注册公司猪标局) 或是平台上的服务商 (接包方) 为创业团队提供相关服务。基于猪八戒网在这些服务领域的积累和资源优势，猪八戒网可以将这些服务做到低成本和集成化，从而起到更好的孵化效果。

（二）众包平台的经济社会功能

就宏观而言，众包平台具有新经济范式的示范意义。一是众包平台会成为共享经济的基础设施，为共享经济提供支撑，通过众包平台能够扩大资源配置的规模，也能够提升资源配置的效率；二是众包平台降低了分工协作的搜寻成本和交易成本，能够使分散的能力、条件和专长得到最充分的发挥，从而提升经济活动的目标绩效；三是众包平台有助于解决后工业社会的就业问题，使个人能够利用自己的自由时间和特殊技能从事生产性活动和获取收入。因此，与众创和众筹平台一样，众包平台同样也构成了促进社会经济范式转变的"利基"空间，有利于优化社会的分工协作。

但是，众包的形式并不适合于所有领域和所有的任务类型，主要适宜于那些任务确定性强（包括成果的可检验性）、周期短、复杂程度低、金额少的任务类型。所以，发展较好、规模较大的众包平台都集中在设计、文案、软件等领域。在特定任务类型的众包平台上，发包方通过外包给个体降低了成本，而个体可以利用自己的技能和闲置时间获取收入。从原本基于机构之间的交易，到基于机构与个体、个体与个体（如个体发布需求，征求自家的装修方案）间的交易。

在降低了买方成本、增加了卖方收入的同时，实际上还改变了分配的规则。让拥有技能的、真正从事劳动的人获取更大收益，而不是只让组织和渠道获取更大收益。从此方面来看，众包平台在很大程度上促进了社会的公平正义。

四、国家科研众包平台：中国创新挑战赛

众包竞赛已经成为国内外企业开发式创新的有效工具。中国近些年在众包平台上积极探索并取得进步，特别是在国家层面上推动中国创新挑战赛，帮助企业破解创新难题。

（一）众包竞赛解决企业创新难题

企业为了解决创新过程遇到的疑难问题，可以通过向企业外部"悬赏"获得解决方案，这种"悬赏"称为众包竞赛。美国的 InnoCentive 网站是一个典型的众包竞赛平台，其目标是通过现金激励的竞赛将企业的疑难问题与外部潜在的解答者关联起来。

InnoCentive 的基本流程包括 3 步：企业发布竞赛任务、研究人员提交解决方案、解答方案评估并奖励获胜研究人员。首先，发布者和 InnoCentive 内部的工作人员一起分析要解决的问题，形成并发布竞赛任务。发布任务时，企业可以隐藏身份，目的是隐藏企业的行为，从而保护企业的机密。其次，解答者浏览挑战任务的摘要，解答者将解答方案提交众包竞赛的发布者。最后，由 InnoCentive 审查解答方案，并交给发布者评选出最终的获胜者，获胜者得到相应的奖金。

InnoCentive 成立于 2001 年，网站核心功能是"求解者"发布任务和"解答者"展示成就。很多著名的企业通过 InnoCentive 来辅助创新，如宝洁、NASA、SAP 等。众包竞赛的领域包括商业、化学、IT、工

程与设计、食品与农业、数学、生命科学、物理科学等。2001—2009 年，共有来自 175 个国家的 17 万名研究人员参与到 InnoCentive 的众包竞赛中。发布者共发布 800 多个疑难问题，有 400 个左右的问题得到了解答，成功率约 50%。悬赏金额共计 2000 万美元，发放给研究人员的奖金约 400 万美元。InnoCentive 目前已成为全球最大的众包网站之一，世界顶级难题的讨论和解决场所。

（二）政府资助科研众包

科研众包是最古老的政府促进技术创新的工具之一，1714 年英国政府的经度奖以众包形式首次实现了政府对科研的资助，之后法国拿破仑时期为应对战争需要设立了食物储存奖，瑞典政府为应对消防事故设立了消防技术奖。整个 19 世纪的欧洲，科研众包是政府资助引导个人科研的最重要方式。

20 世纪末期，随着美国联邦政府对科研众包项目的再次启用，科研众包又重新被多国政府采纳。美国能源部、国防部、航空航天局共资助了包括可佩带能源奖、机场安全技术奖、宇航局"百年挑战"等在内的 20 余项政府科研众包项目。2008 年英国政府用于科研众包的经费为 2 亿欧元，2012 年升至 6 亿欧元。

美国创新挑战赛：2010 年，在美国联邦管理和预算办公室刊发的有关文件的指导下，美国政府机构开始设立竞赛和奖励以改善政府运作并指导创新。2010 年 9 月—2015 年 10 月，共有逾 80 个政府部门设置了 450 余个竞赛、奖励，Challenge.gov 即是公布这些竞赛、奖励的平台。政府部门可以根据自己的需求设置比赛和奖励并将概要免费发布在该平台上；公众可以免费使用，浏览或搜索自己感兴趣的问题，了解详细情况，并根据要求提供解决方案。挑战内容多样，从平面设计到针对特定需求的机器人设计不一而足。该部门只需为被采纳的方案支付报酬；若在时限内没有征集到满意的方案还可以在该轮结束后重新设置相同的挑战。

中国政府正在逐渐尝试以科研众包形式解决科技难题。2014 年 11 月，湖南省浏阳市政府悬赏 1000 万为花炮科技攻关破题；2014 年 6 月，厦门市政府悬赏 600 万破解最后一公里配送难题；2011 年，武汉市政府悬赏 1000 万征集依托物联网、云计算、光网络、移动通信实现武汉市智慧城市顶层设计方案等。

表 4.2　现代政府资助型科研众包

奖项名称	年份	当时的金额	组织者
DARPA 汽车大奖赛	2003 至今	350 万美元	美国国防部
可佩带能源奖	2007 至今	100 万美元	美国国防部
机场安全技术奖	2007 至今	50 万美元	美国国防部
照明设计大赛	2007 至今	2000 万美元	美国能源部
先进市场奖	2007 至今	15 亿美元	加拿大、意大利等国

（三）中国创新挑战赛

中国创新挑战赛由科技部火炬中心主办，是针对具体技术创新需求，通过"揭榜比拼"方式，面向社会公开征集解决方案的创新众包服务活动。

举办创新挑战赛，有助于解决企业技术创新难题，促进产业转型升级；有助于释放"民间高手"创新潜能，推动"大众创业、万众创新"；有助于科技成果与有效需求直接对接，加速科技成果转移转化；有助于促进产学研深度合作，探索市场导向、企业主导的技术创新模式。

首届中国创新挑战赛已结束，涉及北京市、湖南省、宁波市、西安市、安康市、成都国家高新区和绵阳国家高新区 7 个赛区，挑战赛赛事流程分为 5 个环节。

1. 征集需求

企业自行（也可由地方承办单位委托服务机构和专家团队辅导企业）开展需求挖掘，并提交至地方承办单位。地方承办单位委托服务机构和专家团队对每一个企业需求进行分析，并就下一步解决企业需求的方法路径提出建议。

2. 发布需求

地方承办单位组织专家按照重要性、可行性、难易程度等指标，梳理出需向社会征集解决方案的需求，形成需求公告，通过挑战赛官网及各地相关媒体、科技平台向社会公开发布（可根据要求隐去企业名称、联系方式）。对于未能入选发布的需求，及时向企业反馈情况。

3. 征集解决方案

采取线上线下相结合的方式，动员企业、高校、科研院所和技术持有人（科研团队）针对企业需求报名挑战，提交解决方案。对国家或地方科技成果库中已有成果能较好对接和满足企业需求的，可直接进行成果推送。

4. 竞争对接

（1）解决方案评估。地方承办单位组织专家、服务机构及需求方，根据有关指标及需求方实际情况，对参赛的解决方案进行分析、评估，选取最优解决方案进行供需对接。

（2）现场赛。经充分对接，仍引发激烈竞争致使需求方难以自主选择最佳解决方案时，可以通过现场赛形式进一步对解决方案进行评估和评比。现场赛采用路演形式，挑战者进行现场比拼，由需求方、技术专家、投资专家和技术经纪人等组成评委，评选出挑战赛优胜者，其中需求方的意见起决定作用。

5. 奖励及后续支持

（1）优胜挑战者及部分挑战者将获得一定额度的资金奖励。奖励资金原则上由需求方支付。奖金仅用作奖励挑战者，不作为技术转让、技术许可或其他独占性合作的强制条件。

（2）优胜挑战者与需求方协商确立下一步合作方案，对于参赛过程中成功实现技术供需对接的，可按所在地方技术成果转移转化相关政策给予奖励或补助；对后续签订企业委托研发项目的，优先纳入地方科技计划给予支持。

（3）挑战赛承办单位将聚集和整合相关资源，为需求方与挑战者提供包括科技政策咨询、企业战略咨询、知识产权、技术交易和投融资等服务，进行后续跟踪与效果评价。

2016年首届中国创新挑战赛根据"扎实起步，先易后难，效果检验，逐步推开"的原则，结合地方工作基础、保障条件和承办积极性等因素，在北京市、湖南省、宁波市、西安市、安康市、成都国家高新区和绵阳国家高新区7个有代表性的区域开展试点工作。首届挑战赛得到了地方科技管理部门的积极响应，共征集真实、有效的企业技术创新需求1060项，经过分析与专家咨询，初步解决需求623项，其余需求经进一步完善与深入分析，共计整理出273项，通过中国创新挑战赛官网平台及科技日报等媒体进行了统一发布。来自全国各地的挑战者响应热烈，有444个挑战团队针对企业技术创新需求提交了技术解决方案，并与需求企业进行了针对性接洽联系。进入现场挑战和竞争对接环节，99项企业技术创新需求通过"悬赏"和"比拼"找到了最佳解决方案和最合适的技术团队，签订意向合作协议金额达12 567万元。

中国创新挑战赛通过各地举办创新挑战赛，探索了市场导向、企业主导的技术创新模式，在解决本地企业技术创新难题的同时，促进了产学研深度合作，实现了科技成果与有效需求直接对接，加速科技成果转移转化，促进了产业转型升级。首届挑战赛取得的主要成效如下。

解决了一批技术创新需求，促进了科技成果转移转化。中国创新挑战赛广泛发布需求和难题，面向全社会公开悬赏解决方案，很大程度上解决了企业研发难、门路窄的困难。众多企业纷纷表示，能够让全国各地高水平专家主动跑来，根据企业的需求开展面对面交流洽谈，让企业走出了原本逐一上门请教，甚至求教无门的困境。通过参加挑战赛，大部分企业寻找到了技术合作方，有些企业甚至还与多个技术团队签订了意向合作协议。

宁波"河道水质提升除磷技术开发"需求，收到来自全国各地9个团队提出的解决方案，最终与来自上海理工大学、天津工业大学和宁波大学的3个挑战团队分别签订了合作协议，意向合作金额达420万元。一些需求暂时未能得到解决的企业表示，通过挑战赛与多位专家建立了联系，为将来的产学研合作打下了基础。

中国创新挑战赛通过对企业技术创新需求的分析、挖掘与展示，使得大量技术持有者能够找准市场诉求，摸清研发方向，及时调整研发思路，提高研发效率，最终实现科技成果转移转化。

西南石油大学是中国油气勘探、开采、冶炼、运输领域的重点高等院校，储备了大量的技术人才和技术成果，尤其是"基于有编码器的超低转速、超大扭矩永磁同步电机驱动控制器"研发工作取得了实质进展，但该项目一直停留在实验室里。通过参加中国创新挑战赛，该校的专家团队和绵阳赛恩新能源科技有限公司形成了实质合作并签订了正式的合作协议，大大加快了科技成果转化的进程。中南大学电机工程学院团队表示："我们一直专注于技术研发，如何产业化并不是强项，一直希望通过这样的大赛完成技术的供需对接。"

围绕地方主导产业开展技术需求挖掘和对接，解决了产业发展共性关键技术难题，助推了区域产业发展提质增效。《中共中央关于制定国民经济和社会发展第十三个五年规划的建议》提出"推动政府职能从研发管理向创新服务转变"，要求政府抓住关键点，打通关节点，转变职能，强化服务。在这个关键时期，中国创新挑战赛切入了地方政府工作抓手不足的痛点，协助地方以需求为核心调动、集聚并整合各类资源，提升了地方政府创新服务能力。

试点地区围绕主导产业开展需求挖掘，同时梳理了本地产业发展情况，在凝练和解决本地产业发展共性难题和产业关键技术创新需求的同时，提升本地特色产业品牌影响力。

富硒产业作为安康市构建循环产业体系的战略性产业，连年保持30%以上的增长，是支撑安康市富民强市的支柱产业。安康市以富硒产业为核心，对企业技术创新需求进行了征集、梳理、挖掘和分析，公开发布 73 项需求。通过挑战赛最终签订意向合作协议 58 项，涉及合同金额 5220 万元。安康市科技局与富硒产业研究院共同提出了 2 个区域性产业共性技术需求，也通过挑战赛得以解决。通过挑战赛，安康市政府不但摸清了本地富硒产业关键技术和企业技术创新需求，还从政府角度明确了主导产业引导和发展方向，为安康市富硒产业技术创新探索了新路径。

汇集了一批专业科技服务机构，提升了专业机构的服务能力，保障了赛事高效运行。挑战赛的工作重点在于需求的征集分析与推送对接。这些工作体量大、专业性强，不但需要行业专家参与，更需要调动专业服务机构的积极性，多方合力共谋。通过首届挑战赛，各试点地区初步建立起了多方参与、开放共享、有效对接的公共服务平台。各地采取委托任务招标和专项工作补贴等方式吸引大量的科技服务机构参与到相关工作中，部分试点地区还充分调动产业联盟、行业协会等社会力量的积极性，大力推动社会化服务，在赛事组织和运行中发挥了重要作用。

北京市发动首都创新大联盟、众创空间联盟和京津冀技术转移协同创新联盟的 300 多家成员单位参与赛事组织工作，其中 33 家科技服务机构在提供针对性需求挖掘和行之有效的技术对接服务的同时，与需求企业建立了长期合作。宁波市通过各种渠道，吸引了包括国家技术转移东部中心、114 产学研协同创新服务平台、博士科技、宁波点通智库等技术转移机构广泛参与其中，为企业技术需求寻找各行各业的技术团队，实现公告技术需求的百分百回应。西安市的"预涂板缝焊涂层处理技术开发"需求由企业提出，却是金属包装行业的共性技术瓶颈问题。在赛事组织过程中，中国包装联合会钢桶专业委员会积极帮助开展准确、快速的解决方案征集与对接，并组织行业专家对解决方案进行初步甄别和基本评价，达到了事半功倍的效果。

挑战赛探索形成的"科研悬赏＋研发众包"组织模式，有效推动了地方科技计划资助方式的改革。各国政府利用"悬赏""众包"引导新技术研发的历史由来已久。政府资助科研众包使得创新资助政策由供给端向需求端转变，使科技成果与社会需求无缝对接，实现了国家导向与自由探索之间的协调统一，能极大地促进科技创新。挑战赛利用和推广"科研悬赏＋研发众包"的组织模式，帮助地方摸索了一条科技计划改革的新路。

湖南省以首届中国创新挑战赛为契机，发扬先行先试的创新精神，探索建立以解决企业需求为导向的科技计划立项新模式，设立创新挑战赛技术签约项目资助专项资金，采取先立项后补助的方式，支持赛事对接成功的研发合作，引导企业主动提出技术创新需求，引导科技人员踊跃挑战。绵阳高新区提出，通过专家论证认可的企业技术创新需求一旦形成实质的技术合作，可直接进入绵阳高新区、绵阳市科技计划项目储备库择机立项支持，并优先推荐给国家和地方各级各类科技计划。西安市将参赛项目优先纳入科技计划、对参赛企业给予各类经费支持、奖励等。

第五章

众扶平台研究

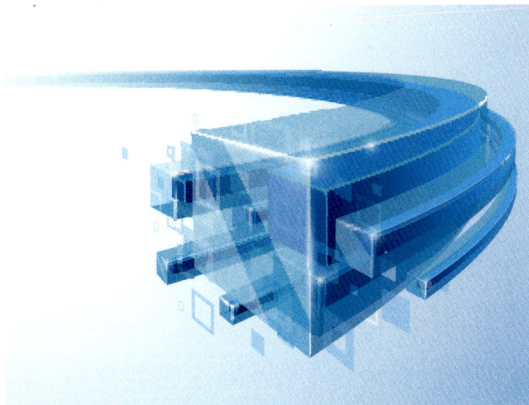

众扶意在发挥全社会的力量推动对大众创新创业的扶持，汇聚各方力量相互扶助、构建创新创业良好环境。众扶主体可以是政府、企业、公众自身等，特别是近些年，政府层面推动了一批创新创业众扶平台，在支持创新创业、活跃创新氛围、构建创新创业生态方面发挥着独特作用。

一、众扶的内涵和分类

众扶，汇众能助创业，通过政府和公益机构支持、企业帮扶援助、个人互助互扶等多种方式，共助小微企业和创业者成长，构建创新创业发展的良好生态。其根本目的是扶持"大众创业、万众创新"，扶持对象是创新创业活动及创新创业主体。通过众扶的不断深入，小微企业和创业者能够得到相应的支持，产业链受到推动得以协同创新，互助互扶的社会文化氛围得以营造。主要有社会公共众扶、企业分享众扶、公众互助众扶 3 类。

（一）社会公共众扶

社会公共众扶，即政府、公共服务机构、基础教学和研发机构、行业组织、第三方服务机构等对于小微企业和创业者的扶持帮助。

近些年，国家层面积极推动了大批社会公共众扶平台。例如，科技部火炬中心推动中国创新创业大赛、科技成果直通车、科技型中小企业成长路线图计划 2.0 等。

北京科技成果产业化情报系统，在促进科技信息资源开放共享方面发挥着重要作用，由北京市科技委员会北京市科技信息中心建设，是面向科技管理部门及企业、高校、科研院所等用户提供科技成果及产业化情报的公共服务和决策支撑服务系统，其中包括国家科技项目库、国家科技成果库、国家专利库、文献库、媒体资讯库、成果信息库、情报信息库等 7 个核心数据库，数据总量达 1.6 亿条。

TD 产业联盟（TDIA），根据市场的需要，组织近百家联盟成员共同规划技术与产品发展路线，参与网络测试，组织共用技术的开发，推动有利于 TDD 技术与产业快速发展的产业环境形成；组织联盟内外企业参加国内外市场活动，扩大 TD 产业的国际影响，最终实现了 TD-SCDMA 成功商用，推动了 TD-LTE 的商用化进程。经过十余年的发展壮大，该联盟已成为支撑和推动整个 TD 产业发展的关键载体和重要平台。

中国电动汽车百人会，由来自政府部门、研究机构、产业界等的官员、学者、企业家共同发起成立。电动汽车涉及机械、电气、材料、能源、信息等多学科，以及车辆制造、城市规划、能源供给、交通及信息化等多领域。中国电动汽车百人会以促进电动汽车发展为目标，打破行业、学科、所有制和部门局限，搭建一个通过研究和交流推进多领域融合、协同创新的发展论坛。

（二）企业分享众扶

企业分享众扶，即大中型企业、有条件的企业、技术领先企业等通过产业协作，开放各类资源及贡献资金、技术、经验等方式，扶持小微企业和创业者成长。

腾讯创业节于 2016 年 8 月启动，联合明星 CEO、优质服务商、创业社群和权威媒体等陆续发放价值 8 亿的创业红包，供创业者在平台上购买创业服务、企业服务。亚杰商会推出"未来科技领袖摇篮计划"，作为推动中国青年创业家成长与进步的公益项目，每一期邀请

10余位科技、商业、投资金融界的精英作为导师，同时通过多种渠道以及严格机制甄选出20余位富有潜力的创业家，以一对一、一对多、多对一和多对多的深度辅导、培训、讲座和集体活动等多种方式，为年轻创业家创造面对面向导师学习，与其他年轻创业精英交流、分享、建立友谊的机会，打造出新型的网络化学习型组织。自2006年项目实施以来，已成功举办了11期学员培训计划，积累了100余位顶尖导师、200余位优秀学员，产生了扶持创业的积极效应。

（三）公众互助众扶

公众互助众扶，即大众依托线上线下的社区及企业家通过投资、慈善、指导等方式开展的互助。目前，各类开源社区、开发者社群、资源共享平台、捐赠平台、创业沙龙等各类线上线下融合的众扶形式不断涌现，极大地促进了创新创业。

创立于2003年的Linux中国，主要内容是Linux开源方面的新闻事件、培训普及和宣传，并组织数十位社区核心会员对国外的开源文章进行翻译，在传播开源理念、汇集开源资源、推广开源项目、提供共享和交流平台方面提供了良好示范。

二、中国创新创业大赛

中国创新创业大赛由科技部、教育部、财政部和中华全国工商业联合会等共同指导，聚集了全国科技、金融和媒体在内的各种社会资源，吸引了创投机构、银行、培训机构、知识产权机构等众多组织聚集到大赛平台。

（一）中国覆盖最广的众扶平台

当前，创新创业已由少数精英的小众行为变为大众参与的社会现象。李克强总理号召"中国要在960万平方公里土地上掀起'大众创业、万众创新'的新浪潮"，与此相呼应的是为弘扬创新创业精神、营造创新创业氛围、促进创新创业活动而开展的中国创新创业大赛（图5.1）。从没毕业的大学生，到60多岁的老者；从普通的科研人员，到名企的管理高层；从草根，到海归……大赛举办以来，参赛者的规模逐步扩大，大赛影响力更进一步加强。

图5.1　第五届中国创新创业大赛行业总决赛开幕式

中国创新创业大赛已覆盖全国所有省、自治区、直辖市，开办以来，参赛企业和团队增长迅猛。2012年企业报名数4411家，2016年增至22 277家，年均增长率50%；2012年团队报名数1557家，2016年增加到12 064家，年均增长率67%（图5.2）。另据不完全统计，第五届大赛共有1300多家创业投资机构的2000多人次创投专家参与了大赛评选、融资路演等活动，已促成了近40亿元创业投资。

年份

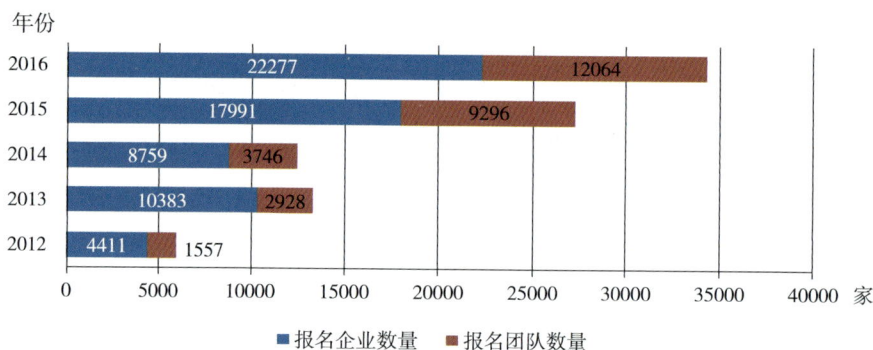

图 5.2　2012—2016 年报名参赛企业数与团队数

　　2001 年年初，原任宁波市科技创业中心副主任葛宜掌和高新区领导一起，在"中国长春科技商业计划书大赛"上遇到了国家科技风险开发事业中心主任朱海雄，受长春科技创业大赛的启发，双方迫切需要"搭建优秀科技项目与投资人的桥梁，引导社会资金投入到科技产业中来"的理念一拍即合。在回宁波的火车上，他们便萌发了宁波应该举办一个科技创业大赛的念头。

　　回到宁波后，葛宜掌带领创业中心相关工作人员，立刻进入大赛筹建阶段。大赛的目的和宗旨高度吻合了高新区和宁波市的战略目标、战术任务，并在资源、支持规格上给予了超乎想象的力度。诞生于宁波，承担着"创业在宁波"使命的大赛，其影响力和辐射力远超出主办者和组织者的预期。10 年坚持不懈的成功举办，大赛名称的表述方式由突出宁波到将其作为主办方写进括号，直至最后地名消失成为"国"字头赛事，大赛一步步地从城市品牌蜕变成"国"字号名片。

（二）涌现了一批高水平的创业项目

大赛坚持了以创投专家为主的市场导向评选机制，让市场来判断创业项目价值。通过对第五届大赛行业总决赛获奖企业参赛项目情况的分析，市场对优秀创业项目的选择正在从重商业模式向重技术导向转变，获奖企业和团队的创业项目科技含量较高，涌现出一批高水平的产品和服务。

上海比昂生物医药科技有限公司（生物医药行业总决赛企业组第1名）成立于2007年3月，建立了基因病毒类载体生产的平台，开展干细胞培养及定向分化技术服务。该公司参赛的"用于CART的临床级可诱导慢病毒载体大规模生产技术的开发"项目针对新兴癌症治疗的正嵌合抗原受体T细胞疗法，在国内首次使用聚酯纤维纸片为微载体加入到细胞培养体系中，利用无血清培养基生产慢病毒载体，掌握了病毒类载体大规模生产工艺技术，使生产效率提高了100倍，可批量满足制药公司、医院临床实验对可诱导慢病毒的需求（图5.3）。

杭州林东新能源科技股份有限公司（新能源及节能环保行业总决赛企业组第1名）创始人林东是昔日的牛肉干大王，2013年，他联合美国华人科学家联合创立了该公司，建成了世界上装机容量最大的3.4兆瓦模块化大型海洋潮流能发电机组试验平台，于2016年3月在舟山海域安装调试成功，发电机组能源转化效率达到38%。

杭州联众医疗科技股份有限公司（互联网及移动互联网行业总决

赛企业组第 1 名）成立于 2010 年，致力于互联网医疗服务，参赛的"全球影像"医疗云服务平台项目，应用移动影像传输、影像归档、数据共享等技术，把医疗机构医学影像大数据放在云端，实现了基于云储存的网络门诊、会诊、转诊等医疗服务，促进了医学影像的共享，提高了医患沟通效率。目前医疗云服务平台已在内蒙古、贵州、四川得到了应用，开始进军美国市场。

杭州嘉楠耘智信息科技有限公司（先进制造行业总决赛企业组第 3 名）成立于 2013 年，致力于超级计算 ASIC 芯片和神经元芯片的设计开发和应用服务，掌握了 28—16 纳米芯片设计技术、拥有超级计算机软硬件系统设计能力，2015 年超级计算 ASIC 芯片出货量 1000 万颗，占全球新增市场的 30%。参赛的"区块链"超级计算机成套设备及软件项目瞄准了前沿的"区块链"应用领域，采用了自主设计的超级计

图 5.3　第五届中国创新创业大赛生物医药行业总决赛

算 ASIC 芯片，计算速度是普通计算机的 20 万倍，已在"区块链"领域获得了应用。

（三）聚集各类创新创业服务资源

大赛坚持政府引导、公益支持、市场机制的原则，围绕参赛企业和团队的多样化需求，把众多的创业者聚集起来，让更多的创业服务机构、创业投融资机构、大企业和高校院所有了贡献力量的便捷渠道。大赛通过举办高峰论坛、创业培训、行业沙龙、融资路演、市场对接、展览展示等活动，为创新创业者提供多元化的服务，努力打造"大众创业、万众创新"的众扶平台。

大赛继续发挥促进创业投融资对接公益服务平台的作用。2016 年，大赛首次与"科技型中小企业成长路线图计划 2.0"网络平台对接，将行业总决赛的 6 场决赛在该平台上现场直播，拓展了优秀企业展示风采、融资路演的舞台。有 11 289 人次（平均每场 1882 人次）投资人在线观看大赛，有 90 个创业项目受到投资人关注。另据不完全统计，第五届大赛共有 1300 多家创业投资机构的 2000 多人次创投专家参与了大赛评选、融资路演等活动，已促成了 40 亿元创业投资。招商银行对第五届大赛 142 家参赛企业进行了授信，授信总额达 28.64 亿元。

首次在大赛服务中引入龙头骨干企业资源，促进创业与大企业开放式创新的结合。2016 年，第五届大赛推出了"市场与技术对接中国行"活动，邀请大企业在大赛官网上发布技术创新需求、面向创业企业征集解决方案，在行业决赛中组织大企业与创业企业和团队对接。

海尔、西门子、延长石油、美年大健康等 20 多家大企业提出了近 200 项对接需求，征集到了几千份解决方案，300 多家创业企业和团队与相关大企业进行了面对面对接，已有 2 家创业企业将得到大企业投资、4 家创业企业正在与大企业深入商谈合作事宜。

三、科技成果直通车

为促进科技成果资本化产业化的要求，加速优质技术供给与有效产业需求的精准对接，建立"产学研资用"高效连接平台，探索科技成果转化新机制，科技部火炬中心联合深圳证券交易所启动科技成果直通车暨科技成果路演活动。

（一）以精准对接促进科技成果转化

2016 年 10 月 18 日，全国"双创周"期间正式启动科技成果直通车暨科技成果路演活动，首场活动围绕生物医药领域开展，由火炬中心、深圳证券交易所、北京市科学技术委员会和中关村管委会共同主办，15 天报名时间共征集到近 200 项具有国内乃至国际领先水平的生物医药成果。活动当天，来自全国生物医药企业、产业投资机构、高新园区和技术转移机构的 600 多名代表参会，现场座无虚席。路演从上午 9 点一直持续到下午 6 点，11 个项目的高水平展示和嘉宾的精彩点评赢得观众阵阵掌声。不少项目路演人员刚走下舞台，就被现场企业"层层包围"，深入对接和洽谈合作事宜。来自中国科学院纳米所的路演科研人员被嘉宾犀利而精辟的提问"打动"，称"这是我见过的最高水平的科技路演活动"（图 5.4）。

图 5.4　科技成果直通车暨首届科技成果路演活动

活动结束 3 周后，工作人员对路演项目持有人进行了回访，路演人员对首场活动给予了高度肯定和评价，建议直通车活动应在全国范围内常态化开展，形成科技成果转化活动品牌。根据反馈，路演项目对接转化情况较好，11 个路演项目及部分手册展示项目已经分别与数家到数十家不等的企业和机构对接洽谈，其中 9 个项目正在与生物医药企业（包括两家上市企业）进行实质谈判，3 个项目进入到合作细节谈判；中国科学技术大学（合肥）路演项目"生物创新仿制药 PDAB"，已成功与英创远达生物医药和红日药业签订了联合研发生产和产业投资协议；还有 4 个项目受邀入驻科技园区，正在对接中。复星医药集团书面委托了相关机构从科技成果直通车中筛选项目，直接推荐给复星医药进行投资或合作对接。

（二）深度挖掘优秀科技成果

参加路演的科技成果由专业技术转移机构深入重点高校、科研院所的科研团队和实验室主动挖掘征集，做到了与成果持有人面对面交流。然后按照创新领先性强、产业化前景明确、市场化成熟度高的原则进行严格筛选，实现从"海量成果"中提炼出"有效供给"，解决了科技成果质量不高、产业化针对性不强等问题。首次路演征集的近200项生物医药成果，主要来自清华大学、北京大学、复旦大学、上海交通大学、中国科学技术大学、中国科学院药物所、中国科学院生命所等重点院校及国外机构，项目水平整体较高。最终路演的11个项目优中选优，既体现了技术领先性，又考虑到了产业化成熟度。目前不少项目还在持续汇集，未来将形成一个"有进有出"的科技成果动态库，为直通车提供技术成果的源头活水。

（三）汇集有效企业创新需求

企业需求是科技成果转化的直接动力，好项目要推介给"识货"的人，也就是具备科技成果吸纳承接能力的优质受众。本次活动与深交所联合举办，有力地发挥了深交所广泛联系行业骨干企业和实力雄厚的产业资本等优势。600多名参会代表中，大约有220名是生物医药企业代表，其中上市生物医药企业代表60名，参会投资机构代表近200名，这反映出骨干企业和产业资本对优秀科技成果转化的旺盛需求。这些企业和投资机构在生物医药领域内具有很强的研发能力、市场经验和投资实力，是科技成果转化的真实潜在用户，与路演人员形成了非常积极、深入的现场互动。

首次路演项目均由国家技术转移示范机构及其他市场化机构挖掘

提供。这些机构在挖掘成果、包装辅导、对接撮合等方面做了大量专业工作，从业人员能力和机构影响力得到提高。承办机构"迈科技"在活动期间共开展生物医药项目咨询 107 起，进入实质合作的 7 起，活动期间促成生物医药类项目成交额 2300 万元。承办机构"科威国际"收到近百起生物医药项目咨询，实质性洽谈的 21 个，其中 10 个项目正在对接跟进。首场活动还邀请了 13 位生物医药领域内具有较高影响力的知名专家、领军企业家和投资人担任点评，他们对项目从各自角度提供专业意见，为用户决策提供咨询建议，获得路演人员和企业听众的好评。

四、科技型中小企业成长路线图计划 2.0

科技型中小企业在成长的不同阶段，对金融的需求也各有不同。科技型中小企业成长路线图计划的目的是强化科技金融基础设施建设，打通科技金融服务链条，服务科技型企业的快速成长。

（一）建立多方帮扶中小企业成长的机制

中小企业是经济社会发展的重要力量，是科技创新和成果转化的生力军。但支持科技型中小企业发展的相关政策和落地措施一直缺乏。2004 年 10 月，由科技部火炬中心、深圳证券交易所、国家开发银行三家单位牵头，共同发起并组织实施了"科技型中小企业成长路线图计划 1.0"（以下简称"路线图计划 1.0"）。"路线图计划 1.0"实施 10 周年，对提升科技型中小企业公共服务、金融服务和中介服务发挥了重要作用，一整套符合科技企业不同发展阶段特点，政府部门、金融机构和中介服务机构相互配套合作的综合服务体系初步建立，全社会支持科技企业发展的氛围初步形成。

2014年10月，又打造了升级版"科技型中小企业成长路线图2.0"（以下简称"路线图计划2.0"），主要针对中国新形势下科技和金融的特点，充分利用现代信息技术，通过统一的数据平台、辅导平台、路演平台和研究平台，在政府、高新区、资本市场、金融机构、中介服务机构之间，实现信息互享、流程互通、功能互补，共同为科技型中小企业提供全方位、全生命周期的融资和综合辅导服务。各方分工如下：

（1）科技部火炬中心负责统筹全局、制定路线图计划各个阶段发展目标和工作重点，统筹建设科技企业基础数据库，牵头组织全国性活动，协调高新园区及市场其他主体参与实施"路线图计划2.0"。

（2）深圳证券交易所负责参与制定路线图计划各个阶段发展目标和工作重点，协助建设科技企业基础数据库，具体建设科技金融信息服务平台并组织实施企业路演和对接，具体组织对科技金融干部和科技企业的培训，具体培育重点企业，统筹优化科技企业上市服务。

（3）全国股转公司负责参与制定路线图各个阶段发展目标和工作重点，协助建设科技企业基础数据库，推动科技型中小企业挂牌，做好持续服务，参与对科技金融干部和科技企业的培训和辅导，与深圳证券交易所和区域性股权交易市场合作建立各层次资本市场全面协作机制。

（4）招商银行与创投、金融机构及中介服务机构负责为科技型中小企业提供融资、推介挂牌、做市、债券发行、IPO保荐等服务，参与对科技金融干部和科技企业的培训和辅导，协助建设科技企业基础数据库。

（5）高新园区负责优化科技企业载体环境，收集、维护和跟踪当地科技企业数据和信息，协助建设科技金融网上服务平台和开展路演，组织园区科技金融干部参加培训，组织园区科技企业参加综合辅导，配合开展专题研究，为区域性股权交易市场发挥作用提供服务。

（6）区域性股权交易市场负责推动当地科技型中小企业挂牌，做好持续服务，参与建立各层次资本市场全面协作机制，参与对科技金融干部和科技企业的培训和辅导。

（二）中国高新区科技金融信息服务平台

中国高新区科技金融信息服务平台是"科技型中小企业成长路线图计划 2.0"路演对接功能的网络平台和服务窗口，科技部火炬中心和深圳证券交易所共同指导支持，由深圳证券信息有限公司负责运营。平台通过互联网平台和移动客户端，搭建专业视频直播系统，提供"现场 + 网上"路演解决方案，实现科技创新企业融资需求和投资机构偏好匹配，搭建经济、高效、透明的投资信息对接平台。

平台在深圳、北京、上海、杭州、西安、成都、重庆、济南、武汉、合肥、佛山、长沙、昆明、青岛、南京等 16 个核心城市拥有 21 个路演大厅，方便各地企业就近选择路演活动。与各地高新区合作开展常态化路演活动，同时为平台上的科技创新型企业提供个性化的债权和股权相结合的融资服务。

目前，中国高新区科技金融信息平台已覆盖全国 25 个省（市、区），15 个国家自主创新示范区，66 个国家高新区，22 家股权交易中心，集聚了全国各地 2500 家科技型创新创业企业和 3000 多家 VC/PE、上市公司等投资机构的 8000 多位专业投资人，已累计开展投融资路演活动近 270 场，发掘近 2000 个优质科技项目，搭建了公益性、开放性、线上线下服务相结合的投融资信息对接平台（图 5.5）。

图 5.5 天津科技金融中心

（三）"燧石星火"创投联盟和训练营

在"科技型中小企业成长路线图计划 2.0"总体框架下，由科技部火炬中心和深圳证券交易所共同指导，2017 年 4 月 12 日，20 家国内顶级创投机构发起成立"燧石星火"创投联盟（图 5.6），旨在强化创投机构同行之间的资源共享和信息交流，加强创投机构与外部资源的业务对接，构建资源共享、合作共赢的创投生态圈，帮助企业尽早接触资本市场，解决初创企业和创业者融资难题，提升资本市场对创新型企业的服务能力，进一步服务创新驱动国家战略。

20 家创投机构名单分别是：前海母基金、深创投、松禾资本、北极光创投、启明创投、同创伟业、德同资本、浙商创投、达晨创投、毅达资本、基石资本、红杉资本、赛富中国、IDG 资本、金沙江创投、经纬中国、鼎晖投资、东方富海、创东方投资等知名创投机构。

图 5.6 "燧石星火"创投联盟启动仪式

　　"燧石星火"创业训练营是深交所主办的一个大型公益项目，以集中培训的方式，组织已有创业项目或有创业计划的大学生相聚在一起，通过特色课程、对话交流及参观考察等形式，传递实践性较强的创业知识，解答创业过程中的困惑，分享企业家创业的经验，感受深圳创业热土，助力学生创业创新。

第六章
"四众"平台的治理
与展望

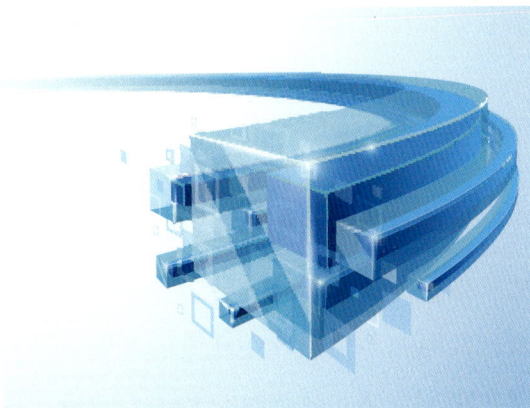

在中国新阶段的经济社会发展中，创新创业的重要性毋庸置疑。"四众"平台中，众扶平台以政府参与组织的各类大赛为代表，受到了较系统丰富的政策支持，故在此暂不讨论。对于其他3类平台则需要加强一些必要的政策引导和鼓励。就宏观视角观察：众创平台能够集成创新要素，促进创新创业；众筹平台能够涓滴成河，滋育创新创业；众包平台能够充分适配隐没的专长和技能，活化创新创业。这些特质实现了新时期"四众"平台对全社会广泛创新创业的直接推动，为了进一步发挥"四众"平台的作用，政策措施应聚焦于如何促进"四众"平台健康有序发展。

一、"四众"平台的治理问题

（一）众创平台的治理问题

1. 政策顶层设计存在部分缺失

当前众创平台密集支持政策背后的最大问题就是如何实现政策的体系化和优化配置。评价和分析当前中央政府层面出台的众多众创平台支持政策，其问题不是出现在政策的着眼点和目标内容设计层面上，而是更多出现在制定主体、政策执行和体系建设层面上。主要问题是目前各部委多头争抢出台政策。这些政策往往带有各部委在创新创业工作上"各自为政"和"争抢事权"的强烈色彩。有时即便同一部委的不同部门之间也存在"争抢事权"的现象。这往往会引发地方政府的多头盲从、资源的错配和降低政策目标的最优配置效果等不良后果。从政策治理角度看，"多头"的政策设计和政策执行也很难达成创新政策体系的良性运转。

2. 具体支持政策的"粗细不均"

目前众创空间发展的现实情况是各地和各行业有大批尚不具备基础条件和发展目标导向的机构纷纷扎堆涌入众创空间建设，造成了很多热闹表象下的盲目发展。这种情况尤其需要加强政策的针对性引导。如前所述，尽管目前多部委出台的政策也都部分体现了这种引导的作用，但到目前为止这些引导作用多表现为对"先发"现象的示范认可或贴牌，支持政策也主要表现为奖励性质，尚不能有针对性地形成对平台组织建设的指导和对发展方向的引领。实际上不同出身或不同建设（运营）主体打造的众创平台的性质、功能和目标不同，对政策的支持诉求也不尽相同，因而众创平台集成资源的需求和发展走向需要更加务实和细化的政策。

3. 地方支持政策的有效性不足

就地方政府而言，当前对众创平台新发展的政策支持主要体现为 2 种方式：一是无偿提供场地和条件，如无偿提供办公楼宇、政府财政投资建设共性实验室和技术检测检验平台；二是为平台运营主体提供运营经费补贴。这些地方政策存在的主要问题是"用力过猛"，此外也存在粗放和不够细致的现象。结合调研发现许多地方政府（尤其是那些创新资源稀缺的三线城市）在"四众"平台招引和建设方面简单粗暴。例如，在对一个地市级高新区的调研中就看到，高新区政府为引进知名大学来当地建设创新平台，无偿提供了 10 年期上万平方米的高档办公楼宇，并每年总计补贴上千万元的运营经费，但由于地域和本地人才环境的局限，这些付出高额成本的政府支持能否达到预期效果还是很难预见的。

（二）众筹平台的治理问题

当前众筹平台总体尚处于自然生长期，组织模式、商业模式和盈利模式都处于摸索试错阶段，因此鱼龙混杂和不正当竞争现象普遍存在，欺诈和不诚信现象也时有发生，这些都需要从行业和政府的角度加强监管，也需要在不断试错的过程中加强引导和扶持。

1. 债权众筹需要限制和规范

2016 年 8 月，中国银监会、工业和信息化部、公安部、国家互联网信息办公室联合发布了《网络借贷信息中介机构业务活动管理暂行办法》，以负面清单形式划定了业务边界，明确提出不得吸收公众存款、不得归集资金设立资金池、不得自身为出借人提供任何形式的担保等，对监管和规范债权众筹的平台行为和市场行为都起到很好的示范作用。

2. 股权众筹需要监管和扶持

尽管 2014 年 12 月，中国证券业协会就起草了《私募股权众筹融资管理办法（试行）（征求意见稿）》，开始向社会征求意见，但至今尚未公布出台。2015 年 7 月，十部委联合印发的《关于促进互联网金融健康发展的指导意见》，尽管确立了支持和促进互联网金融的大方向，但相关法规跟进并无进展，这也使得目前中国的众筹业态发展仍处在"无章可依"的探索阶段。

实地调查发现，目前实际发生的股权众筹行为普遍采取的是线上线下相结合的模式，并且众筹平台的筹资和投资普遍采取的是在现行法规下成立有限责任公司的形式，绝对或纯粹的互联网股权众筹尚不存在。这种线上和线下结合的新型融投资撮合模式对形成大众参与的创新创业形势起到很好的促进作用，并且领投人领投和投资人跟投的模式也日趋规范。这些都值得业界肯定，也需要政府相关部门在界定业务范围边界的前提下大力倡导。

监管和规范股权众筹市场的发展主要需要对平台的性质和业务范围给予界定。界定业务范围边界主要是对募资和投资规模范围设定边界。对于涉及大规模资本的股权融资活动不宜完全在线上开展，这也是业界的共识。

在具体扶持股权众筹的发展方面，目前存在 2 个突出问题：一是投资人无法完成网上工商登记和注册，这造成了不必要的投资成本，降低了创业者及投资人的时间效率，需要政府部门从促进工商便利化的角度提供扶持政策和简化、优化手续；二是股权众筹的退出机制不畅，投资人只能等到企业的下一轮融资或上市方可退出，这需要中央政府从繁荣和发展中国资本市场的大局着眼加以解决，可以考虑通过改善目前已经存在的区域有关的产权和技术交易市场（"四板"市场），发展新型的股权众筹市场化交易。

3. 产品众筹需要关注和规范

产品众筹属于量大面广的筹资领域，多数项目为生活类、消费类的科技产品，由于其不确定性高、涉及的网络参与者多，因而扶持其发展和严格监管就都十分必要。扶持更多要从疏解产能和供给侧结构改革着眼，引导产业和企业走上新模式的发展；监管最为核心的是要严控平台的资质，政府对项目众筹平台的监管需要从要求众筹平台建立起对项目的信用监管和保障机制着眼，对欺诈行为要制定更为严厉的惩罚措施。

4. 科技众筹需要鼓励和提升

科技众筹属于直接促进创新创业的一种众筹方式，但目前科技众筹支持的早期高水平技术产品项目很少，而多选择技术和销路较为成熟的科技产品。因为相比于股权众筹，产品众筹更倾向于选择有一定科技含量、成熟度较高的消费端产品，其目的主要是开展产品的市场推广和消费端测试，如淘宝众筹项目的小米新款手机、暴风科技的虚拟现实眼镜等。政府应对科技众筹项目进行鼓励和探索，特别是起步阶段、高水平的众筹项目。

二、"四众"平台的政策制定

（一）政策的必要性与合理性

"四众"平台通过构建人才、资本和技能等资源流动的快速链接通道，提升了资源整合效率。创新创业本质上是根据创意和新想法（这种创意和新想法来自于新的市场需求和技术机会）对人才、资本、技术进行重新整合的活动。虽然创新创业涉及一定程度的技术开发，但其依赖的技术条件一定不会超过当时的技术水平的上限，而其他内容则直接体现为一种资源整合行为，最终稳定成为一种生产新产品或新服务的组织系统。无论旧组织形式还是新组织形式，其过程的本质都是资源的整合，而其中最核心的资源就是人才、资本和技能。

"四众"平台核心功能是将原先闲散的资源重新组织。通过重新组织人、资本和技能，最大化地发挥其组织效能服务创新创业：①众创平台更加提升了人才的整合效率，因为众创平台提供了低成本的交流协作的空间；②众筹平台更加提升了资本整合效率，因为众筹平台让资金可以更便捷地流向创新创业活动；③众包平台更加提升了技能整合效率，因为众包平台让创业个体或团队更便捷地出售或获取技能（以服务形式提供）。而这所有"更加"的背后，是以互联网为标志的信息技术革命，使得信息的沟通更加便捷。而人才、资本和技能的整合所依赖的就是信息的便捷沟通。

从宏观到微观，"四众"平台发展的趋势代表着新时代发展的方向，其构成了向新经济范式转变的"利基"空间，也行将成为新时代促进创新创业大规模发生的底层基础构架。由此，对"四众"平台的政策支持就十分必要。

就众创平台的发展而言，近2年来在中央政府及各部委层面上密集出台了许多政策：自国务院办公厅2015年3月印发《关于发展众创空间推进大众创新创业指导意见》（国办发〔2015〕9号），2015年5月发布《国务院关于大力推进大众创业万众创新若干政策措施的意见》（国发〔2015〕32号），2015年9月又进一步出台《国务院关于加快构建大众创业万众创新支撑平台的指导意见》（国发〔2015〕53号）后；各部委政策相继出台，2016年5月国务院办公厅印发由国家发展改革委牵头实施的《关于建设大众创业万众创新示范基地的实施意见》；2016年6月国家工业和信息化部印发《国家小微型企业创业创新示范基地建设管理办法》；科技部 2015 年 9 月发布了《发展众创空间工作指引》，2016 年 8 月又印发《专业化众创空间建设工作指引》；财政部 2015 年 4 月印发《关于支持开展小微企业创业创新基地城市示范工作的通知》，2016 年 8 月财政部和国家税务总局又下发了《关于科技企业孵化器税收政策的通知》；2017 年 7 月国务院又出台了《关于强化实施创新驱动发展战略进一步推进大众创业万众创新深入发展的意见》。

这些政策主要从大政方针指引、财政性资金的示范支持、引导发展和税收优惠四大方面对创新创业和"四众"平台建设给予引导和支持，也的确在现实中发挥了巨大的推动作用。尤其是财政部和国家税务总局出台的《关于科技企业孵化器税收政策的通知》对众创平台建设更是重大利好。因此，政策重点要集中在如何做好"四众"平台，以及研究出台政策的合理性和有效性。

（二）处理好政府与市场的关系

需要进一步探索和建立政府与市场的嵌入性关系。"四众"平台是创新组织、产业组织、经济组织乃至社会组织在新经济时代的新发展和新模式。从传统的视角看，这些组织具有社会中介组织性质，也大多属于社会公益范畴。但新技术经济范式的发展，尤其是共享经济和生态经济的运行法则颠覆了人们的传统思维，即传统的社会公益事务可以按市场的方式开展，或者说市场的机制和力量可以参与到社会公益和社会公共服务。这就引发政府职责和政府行为发生相应的转变，从众扶的视角观察，建立新型政府与市场的关系需要有新的思维。

从政府和市场的关系而言，一方面由于市场的机制和力量能够介入到"四众"平台建设，那么单纯由政府主导和包办就并非是必要的。但另一方面由于"四众"平台在市场的目标之外仍然继承着社会公益属性，政府有责任和有义务做好"四众"平台以促进社会公益。因而政府需要形成与市场和社会的嵌入性关系，尤其是在嵌入性的治理和嵌入性服务方面。

"四众"平台建设和治理的政府嵌入性。从建设和治理的角度而言，PPP模式是政府嵌入"四众"平台建设的一般表现，目前这种情况在全国各地都在发生，主要表现为政府提供场地、条件、资金等支持。但目前普遍存在的问题是这种政府的嵌入尚未进入到"四众"平台的组织治理层面。新模式的"四众"平台区别于以往模式的特点就是组织边界的开放性，涉及量大面广的资源提供方的个人和组织，也涉及量大面广的需求方的个人和组织。因此，单纯依靠市场化的运营主体不足以完成这种开放型和网络化组织的高效运转，也不足以让这些量大面广的群体能够自发形成社会公益目标。因此，不论从平台运行还是治理的角度而言，政府的隐性或显性存在都是必要的。但调查发现，目前"四众"平台建设普遍缺乏政府的深度嵌入，地方政府都把"四众"平台建设当成一种"交钥匙"工程来做，而仅靠出资、出场地和给条件很难把"四众"平台做好，这也是许多地方在"四众"平台建设方面表现出的过度投入、资源浪费和事倍功半的主要原因。

"四众"平台建设的政府嵌入性服务，即"链接"服务。本次调查揭示，目前"四众"平台反映的自身发展问题中，资源不足、服务能力不足和人才不足是首要问题。然而，资源不足、服务能力不足和人才不足都是一个开放的网络化运作平台无法自主解决的。集成资源、提升服务和网罗人才在现代经济技术条件下更多依靠的是"链接"的方式，而"链接"资源、服务和人才不可能单纯由平台自身完成，而是需要政府嵌入市场并发挥特有的作用。这种来自于政府的"链接"服务行为是对政府服务方式的创新要求，因为以往政府的服务往往表现为针对运营主体的服务，而现在需要的则是对在平台上的各网络关联方的服务。政府的"链接"行为不但提升了平台的资源和服务价值，也给了平台一种"信用背书"，这对更广泛和更加充分吸纳需求方和用户来说都是一种促进和激励。

（三）客观面对质疑

受国家的大力倡导和市场的示范作用，地方政府、社会力量和产业界纷纷涌入"四众"平台建设，造成部分地区"庙多僧少"乃至创新创业者群体"滥竽充数"等现象的发生，出现了所谓众创空间"咖啡凉了"的问题，社会一部分人对众创空间的发展产生了质疑。

其实，就像刚泡的咖啡必然太热，凉下来，温度合适了才适宜饮用一样。就新经济范式的发展趋势而言，"四众"平台自身也是创新创业生态的"物种"之一，许多平台本身也是创业企业，平台缔造者、创客队伍和平台关联方都需要在这样的生态中"物竞天择，适者生存"。因而不论对政府而言、对"四众"平台建设和运营者而言、还是对创客和平台使用者而言，试错和纠错都是常态，而"四众"平台生生死死的背后正是创新创业生态进化的过程。

三、"四众"平台的发展展望

李克强总理提出"大众创业、万众创新"，要在 960 万平方公里土地上掀起"大众创业""草根创业"新浪潮，形成"万众创新""人人创新"的新态势。2015 年作为中国"四众"平台元年，给我们带来了太多的视觉冲击、思维碰撞和观念颠覆。"四众"平台虽然在中国的发展时间不长，但其形态经历了从"星星点点"个体单元的 1.0 版本，发展到连锁化、品牌化经营的 2.0 时代。面对未来中国经济转型升级、供给侧结构性改革和重点区域经济建设，"四众"平台必将往纵深发展，形成空间集聚、产业融合、企业内化等效应，必将对中国创新创业、产业发展和城市建设做出积极贡献。

（一）平台与空间聚合：形成优良创新创业社区

街区、小镇成为"双创"发展和"四众"平台的契机。将进一步加固各类资源的黏合度，使优质的创客、资本等资源以更高的效率向街区集聚，进而引导集聚区内不同类型的创业服务机构逐渐形成多元化布局、差异化服务，从而实现孵化过程的标准化、专业化和高效化。

孵化器、众创空间等众创平台与社区单元融合发展，形成创新文化植入，实现以有限的孵化场地和面积，影响更广义空间的效果。特色小镇建设往往面临资金和人才瓶颈，而众创空间却有着天然吸引投资和人才的优势，均崇尚"大众创业、万众创新"、产城融合的两者相结合后，将产生资源和政策扶持的叠加优势。

众创空间将成为特色小镇的标配。打造众创空间，极其吻合突出特色产业，产城融合的特色小镇的本质要求。实践中，众创空间也往往成为创新小镇。如上海枫泾小镇中的农业众创空间、浙江云栖小镇中的腾讯空间等。这也类似美国硅谷的小镇群，硅谷核心地带共有 15 座小城镇，均坐落在美国西海岸南湾地区的山谷中，无论是苹果的库比提诺市，还是谷歌公司的山景城，都是以著名公司为特征，营造围绕创新为主题的小镇群体。

　　"梦想小镇"（图 6.1）锁定互联网创业和天使基金两大产业门类，目前互联网村、天使村和创业集市 3 个先导区已经建成投用，全部实现"万兆进区域、千兆进楼宇、百兆到桌面、WiFi 全覆盖"的网络基础设施建设，居住、商业、社交配套同步推进，满足了创客们拎包入驻的要求。集聚了以"阿里系、浙大系、海归系、浙商系"为代表的"新四军"创业，目前已引进海外高层次人才 1850 余名，成为全省海外高层次人才最为密集、增长最快的人才特区。如果说 3 平方公里的小镇梦想是一个硬件，那么众创空间就是这个小镇的操作系统，而创业者则是用户。与硬件相比较，用户更在意的是软件，软件的打磨也更需要"技术含量"。小镇是为互联网创业者量身打造的众创空间。在这里，建设者努力将互联网精神和"互联网+"的思维体现在建设的全过程和各层面。小镇精心谋划布局职住配套，为创业者量身打造舒适便捷的社交空间，引导创业从分割隔离的写字楼走向极速分享的大社区，促进思维碰撞和创意迸发。在商业和公共配套上，注重与互联网的特

图 6.1　杭州"梦想小镇"

征相结合，引进众筹书吧、粮库咖啡、便利店等休闲设施，通过细节打磨和活动安排，引导形成小镇特有的创业氛围。正式开园以来，小镇已聚集创业项目近640个，其中，有74个项目获得百万元以上融资，融资总额达15.8亿元，2家企业挂牌"新三板"。

浙江临安"云制造小镇"（图6.2），围绕智慧医疗、节能环保、物流交通、智能装备产业，依托青山湖科技城和西子电梯等智能装备产业龙头企业的集聚优势、46家院所的科研力量，通过建设云制造技术研发平台、云制造创新服务平台、云制造企业孵化平台等重要载体，打造智能装备研发制造创新基地和科技型中小企业创业孵化基地，旨在形成一个融合云制造服务、科技研发、创新创业、休闲旅游、生活居住、社区服务为一体的创业社区。

图6.2　浙江临安"云制造小镇"

2016年，云制造小镇已累计投资21.5亿元，入驻企业236家，其中新入驻科技型创新项目79个；计划3年内投入79.1亿元，建成孵化器、标准厂房50万平方米，集聚科技型企业500家，创新创业群体5000人，智能装备制造产业产出200亿元，成为中国云制造技术的创新源、浙江智能制造产业的新引擎。

众创空间集聚区将创业生态植入城市社区。"双创"的核心要义，就是要把创业文化融入全社会。众创空间无疑拓展了孵化器的维度，将创业孵化演变成创新创业文化，对经济发展和社会生活产生了深远的影响。通过众创空间这一实体空间形式实现线上平台与线下资源的有效对接，改造旧城市或社区并使其焕发新的活力和为新发展注入新动力，形成"双创"社区。目前，已形成了中关村创业大街、深圳湾创业广场、苏州金鸡湖、杭州梦想小镇、成都菁蓉国际广场等一批众创空间集聚区，从"全楼"孵化发展为"全城"孵化，形成"创业＋工作＋社交＋文化＋消费＋居住"的综合体。

2016年，北京"中关村创业大街"迎来开街两周年。两年来，在这条200多米大街上的一间间"咖啡馆"里，日均举办2.2场创业活动、孵化1.4家科技企业，每1.5天有一个团队在街区获得融资、平均融资700万元。数字的背后，显示新的"裂变"正在中关村创业大街悄然发生，一批海内外专业研发、产业链资源、原始科技创新力量等产业巨头陆续入驻，加速激发着创新创业对实体经济的引领能力。作为全国"双创"风向标，"中关村创业大街"从"咖啡馆"到"产业派"的转变，预示着中国"双创"将开启新阶段。"中关村创业大街"这条国内首个高度聚集创业服务元素的街区迎来了新"街坊"——生物医药企业"药明康德"、芯片巨头"英特尔"等等。从调动"双创"热情"启蒙时期"的"咖啡馆"现象，到如今持续发力原始创新的"产业派"阶段，创新创业团队的力量将得到更好地释放：一方面，大批核心技术持续突破；另一方面，关键技术成果将支撑产业转型（图6.3）。

图6.3　中关村创业大街

众创空间成为创业服务基础设施的底层单元。众创空间成为政府推动"大众创业、万众创新"工作的重要工具之一，中央和地方政府多次发文提出，"发挥财税政策作用，对初创期的中小企业给予支持，并支持有条件的地方对众创空间的房租、宽带网络、公共软件等给予适当补贴。"众创空间为创新创业者提供工作空间、网络空间、社交文化和资源共享空间等更为便捷化的创业服务，是一种新型创业孵化模式。

回龙观腾讯众创空间（北京）建设占地5万平方米，可容纳约500个创业团队，可面向回龙观社区40万居民和外来开发者提供全要素、立体式的创业扶持与服务，包括基础服务体系、第三方服务体系、关键服务体系、腾讯全平台资源再升级，针对创业者对人才、融资、辅导、营销和资源的需求，推出定制化的服务，提供全方位立体支撑，并整合金融机构、产业孵化加速器、高校等联盟伙伴资源共同形成创业新生态。腾讯众创空间（北京）项目的启动，标志着回龙观社区开发者能够就近创业、回家创业，共建一个拥有非凡影响力的创新创业社区（图6.4）。

图6.4　回龙观腾讯众创空间（北京）

（二）平台与产业融合：聚焦产业链创新创业

"四众"平台越来越突出专业主题和产业领域。例如，专业化众创空间、产业技术研究院等一批产业性质的"双创"载体，聚焦细分产业领域，其孵化条件和服务内容高度专业化，增强产业整体创新能力和创业企业竞争力。

"四众"平台通过与优质行业背景资源紧密结合，推动制造业细分行业资源优势聚集，如联想之星专注于TMT、医疗健康等领域；清华经管创业者加速器聚焦搭建大健康和人工智能等领域；3W咖啡主要面向高质量互联网项目；车库咖啡为互联网、系统开发和工业设计等 10 多个行业的创业团队整合生产要素资源。

北京市科学技术委员会 2017 年发布的《2016 北京市众创空间蓝皮书》显示，北京市众创空间的投资项目中 43% 聚焦新兴产业，57% 集中在服务业。在新兴产业方面，70% 以上众创空间投资主要集中在智能硬件领域，20%～30% 众创空间投资涉及新材料、新能源、节能环保、高端装备制造等领域。与孵化器在孵企业的技术领域相比，众创空间的项目来源显得更广泛，技术领域也较宽泛，相对而言，互联网、移动互联、智能硬件等技术领域比例较大，整体上形成一种与孵化器相互补充和促进的态势。

中关村科技园区在发展过程中，积极推动孵化器在园区内的建立和发展，先后建立了北京创业中心、海淀创业中心、丰台创业中心、中关村软件园、中关村国际孵化器、启迪创业孵化器、航天汇孵化器、北达燕园孵化器、中自孵化器、创业公社等一批众创平台，这些众创平台与中关村科技园区形成一种良好的互动关系，达到了双赢的效果。此外，上海张江、深圳、武汉东湖、成都、西安等高科技园区，也积极建设园区内众创平台，这些众创平台既推动了园区的发展，自身也获得了快速成长。

实体产业是"四众"平台关注的重点。例如，人工智能是众创空间和孵化器重点关注的前沿技术领域。2017 年《政府工作报告》中首次明确提出："要加快培育新材料、人工智能、集成电路、生物制药、第五代移动通信等新兴产业。"孵化器、众创空间已经对人工智能领域提前进行布局和卡位，一大批人工智能项目和初创企业正在孵化成长中。

创新工场 CEO 李开复在 2016 年硅谷高科技创新·创业高峰会上表示，创新工场正在人工智能领域积极进行投资布局，目前已投资了 25 家公司，接近 1 亿美元，这其中包括人脸识别技术及应用的领先者旷视科技（Face++）、无人驾驶汽车先导者"驭势科技"、人工智能金融服务探索者"第四范式"及"地平线"机器人、小鱼在家等创业明星企业。除了做人工智能投资外，创新工场开始从事孵化人工智能的工作，找那些全球知名的科学家，能够动手做事带一批年轻人，跟他们一块工作。创新工场提供大量有闭环的数据，提供大量的价值上千万人民币有 GPU 的机器，让这些人快速摸索，然后创业。而且，创新工场还成立了自己的人工智能工程院，为人工智能创业提供人才、技术、商业、市场、软硬件平台、大数据环境等多方位的支持，加速推动人工智能领域的发展。此外，军民融创汇、因果树、洛可可集团、创客总部、太库、远见育成、泰智会、PNP、中关村科技园海淀园等一批孵化器、众创空间，也都在积极地开展人工智能领域创业的孵育工作。

建设专业化众创空间，增强自身的产业创新能力和竞争力。专业化众创空间是聚焦细分产业领域，以推动科技型创新创业、服务于实体经济为宗旨的重要创新创业服务平台，强调服务对象、孵化条件和服务内容的高度专业化，是能够高效配置和集成各类创新要素实现精准孵化，推动龙头骨干企业、中小微企业、科研院所、高校、创客多方协同创新的重要载体。2016 年，国家科技部首批认定了 17 家示范性国家专业化众创空间，依托具有强大产业链和创新链资源整合能力的主体进行建设，具有 4 方面突出特征：一是拥有创新源头；二是资源共享基础好、水平高；三是产业整合能力强，依托建设主体的行业地位，有助于形成创新创业生态和产业生态；四是孵化服务质量高。

　　大连机床集团在开模"造壳"的生产难题中看到了智能硬件在设计到产品过程中的优势，解决了机床运行成本高，小规模的生产企业不愿意接单，而盲目量产又会让创业者面临巨大风险等问题。大连机床集团在东莞成立了智能技术研发中心，结合广东3C（计算机、通信、消费类电子产品）传统行业转型升级需求，立足培育机器人、无人机等新兴产业增长点，与华中科技大学、华南理工大学等大学合作共建，有效利用高校的创新力量和创新成果。在这里，创客不仅可以把图纸变成产品，还能实现由小批量到大批量的转化。该集团华南区总经理孙欣裕说到，大连机床与实验室共享先进的机床设备和工业机器人，降低了创业者的成本，开放了集团的人力资源，由经验丰富的工程师对年轻的创客进行"传帮带"，提高了创业的效率。

（三）平台的企业内化：重构企业内部创新模式

　　"四众"平台与企业深入融合，有利于企业自身将生产设备、研发仪器、市场渠道等资源开放给企业内部和社会创业者，实现大企业裂变式发展，同时大量初创企业通过大企业平台聚合在一起，围绕共同目标实现聚变式创新。

　　大企业鼓励内部创业，建立企业孵化器成为破解供给侧结构性改革难题的重要手段。很多大企业，如海尔、中国电信等，为了激发企业技术创新活力，设立内部孵化器或众创空间，实行开放式创新，配套相应的制度管理安排，将公司内部一些创新性项目放进独立的孵化空间进行培育，以便隔绝公司惯性和偏见对创新项目的干扰；或者，有些大企业，如联想、腾讯、阿里等，试图利用自身的产业链资源和市场优势，通过孵化器培育与主导产业相关的小微企业或项目，待这些新项目展示出市场价值时再予以收购或参股，实现在技术创新速度和避免创新风险之间取得平衡。

中国电信启动创业孵化工作始于 2012 年 3 月，搭建创业孵化平台，承担集团公司"培育新的业务增长点、培养移动互联网新军、培育创新文化"等三大使命任务，如今已基本完成布局。具体包括天翼科技创业投资有限公司、中国电信创新孵化（上海）基地、中国电信创新孵化（南方）基地和中国电信创新孵化（北京）基地。天翼创投是中国电信集团的全资子公司，注册资本 2 亿元，是央企最早的创新孵化平台之一。中国电信创新孵化（上海）基地依托天翼创投，位于上海的中国电信信息园区内，孵化环境总面积达到 10 000 平方米。中国电信创新孵化（南方）基地位于广州，孵化环境总面积达到 1200 平方米。中国电信创新孵化（北京）基地则位于中国电信北京信息园区，创新孵化环境正在逐步完善。创业孵化平台通过"专业孵化＋创业导师＋天使投资"的孵化模式，将中国电信的资金、网络、技术、人才、创意等资源与社会科技创新环境及资本进行高效整合对接，积极扶持内部员工和社会有志之士创新创业。其创业孵化过程主要包括苗圃培育、加速孵化和市场化运作 3 个阶段，其中基于内部员工创业的苗圃孵化，目前共征集了 7 批次约 1500 个项目，158 个项目成功入孵，17 个项目实现公司化运作。

（四）平台的国际融通：促进国际资源有效流动

越来越多的"四众"平台开始走出国门，开展跨国业务，不断彰显"双创"的中国力量。以"一带一路"战略为重要契机，加强对"一带一路"沿线国家的"双创"指导服务，建设国际创业工场、创业空间等，举办沿线国家共同参与的创业大赛。加强对全球创新高地的资源链接，促进异地孵化、离岸创业等。实现创新创业要素跨国、跨行业自由流动，在国际孵化中充分对接全球创新链；充分利用全球资金链；充分吸纳全球创新创业人才。

中国孵化器加快"走出去"步伐，清控科创与北京市海淀区合作共建中关村科创硅谷孵化器；启迪控股在美国硅谷、韩国、俄罗斯、日本等地设立创源孵化器、美－中硅谷工程创新孵化器等海外孵化器；瀚海集团在波士顿设立中美企业创新中心，在美国、加拿大、德国4个领域建设8家海外科技文化园区；西安高新区创业园发展中心与US-MAC美国市场拓展服务中心、德国柏林安德尔斯霍夫科技园、新加坡科学院等地多个科技园及孵化器共建海外共同孵化网络平台，获得2015年度亚洲企业孵化器协会"最佳孵化器奖"；国际大学创新联盟（IUIA）与世界知名大学、孵化器和中国国家级高新区开发区合作，以"海外大学孵化器＋中国园区加速器"的O2O模式在全球布局。

国务院办公厅关于发展众创空间 推进大众创新创业的指导意见

国办发〔2015〕9号

各省、自治区、直辖市人民政府，国务院各部委、各直属机构：

为加快实施创新驱动发展战略，适应和引领经济发展新常态，顺应网络时代"大众创业、万众创新"的新趋势，加快发展众创空间等新型创业服务平台，营造良好的创新创业生态环境，激发亿万群众创造活力，打造经济发展新引擎，经国务院同意，现提出以下意见。

一、总体要求

（一）指导思想。全面落实党的十八大和十八届二中、三中、四中全会精神，按照党中央、国务院决策部署，以营造良好创新创业生态环境为目标，以激发全社会创新创业活力为主线，以构建众创空间等创业服务平台为载体，有效整合资源，集成落实政策，完善服务模式，培育创新文化，加快形成"大众创业、万众创新"的生动局面。

（二）基本原则

坚持市场导向。充分发挥市场配置资源的决定性作用，以社会力量为主构建市场化的众创空间，以满足个性化多样化消费需求和用户体验为出发点，促进创新创意与市场需求和社会资本有效对接。

加强政策集成。进一步加大简政放权力度，优化市场竞争环境。完善创新创业政策体系，加大政策落实力度，降低创新创业成本，壮大创新创业群体。完善股权激励和利益分配机制，保障创新创业者的合法权益。

强化开放共享。充分运用互联网和开源技术，构建开放创新创业平台，促进更多创业者加入和集聚。加强跨区域、跨国技术转移，整合利用全球创新资源。推动产学研协同创新，促进科技资源开放共享。

创新服务模式。通过市场化机制、专业化服务和资本化途径，有效集成创业服务资源，提供全链条增值服务。强化创业辅导，培育企业家精神，发挥资本推力作用，提高创新创业效率。

（三）发展目标。到 2020 年，形成一批有效满足大众创新创业需求、具有较强专业化服务能力的众创空间等新型创业服务平台；培育一批天使投资人和创业投资机构，投融资渠道更加畅通；孵化培育一大批创新型小微企业，并从中成长出能够引领未来经济发展的骨干企业，形成新的产业业态和经济增长点；创业群体高度活跃，以创业促进就业，提供更多高质量就业岗位；创新创业政策体系更加健全，服务体系更加完善，全社会创新创业文化氛围更加浓厚。

二、重点任务

（一）加快构建众创空间。总结推广创客空间、创业咖啡、创新工场等新型孵化模式，充分利用国家自主创新示范区、国家高新技术产业开发区、科技企业孵化器、小企业创业基地、大学科技园和高校、科研院所的有利条件，发挥行业领军企业、创业投资机构、社会组织等社会力量的主力军作用，构建一批低成本、便利化、全要素、开放式的众创空间。发挥政策集成和协同效应，实现创新与创业相结合、线上与线下相结合、孵化与投资相结合，为广大创新创业者提供良好的工作空间、网络空间、社交空间和资源共享空间。

（二）降低创新创业门槛。深化商事制度改革，针对众创空间等新型孵化机构集中办公等特点，鼓励各地结合实际，简化住所登记手续，采取一站式窗口、网上申报、多证联办等措施为创业企业工商注册提供便利。有条件的地方政府可对众创空间等新型孵化机构的房租、宽带接入费用和用于创业服务的公共软件、开发工具给予适当财政补贴，鼓励众创空间为创业者提供免费高带宽互联网接入服务。

（三）鼓励科技人员和大学生创业。加快推进中央级事业单位科技成果使用、处置和收益管理改革试点，完善科技人员创业股权激励机制。推进实施大学生创业引领计划，鼓励高校开发开设创新创业教育课程，建立健全大学生创业指导服务专门机构，加强大学生创业培训，整合发展国家和省级高校毕业生就业创业基金，为大学生创业提供场所、公共服务和资金支持，以创业带动就业。

（四）支持创新创业公共服务。综合运用政府购买服务、无偿资助、业务奖励等方式，支持中小企业公共服务平台和服务机构建设，为中小企业提供全方位专业化优质服务，支持服务机构为初创企业提供法律、知识产权、财务、咨询、检验检测认证和技术转移等服务，促进科技基础条件平台开放共享。加强电子商务基础建设，为创新创业搭建高效便利的服务平台，提高小微企业市场竞争力。完善专利审查快速通道，对小微企业亟需获得授权的核心专利申请予以优先审查。

（五）加强财政资金引导。通过中小企业发展专项资金，运用阶段参股、风险补助和投资保障等方式，引导创业投资机构投资于初创期科技型中小企业。发挥国家新兴产业创业投资引导基金对社会资本的带动作用，重点支持战略性新兴产业和高技术产业早中期、初创期创新型企业发展。发挥国家科技成果转化引导基金作用，综合运用设立创业投资子基金、贷款风险补偿、绩效奖励等方式，促进科技成果转移转化。发挥财政资金杠杆作用，通过市场机制引导社会资金和金融资本支持创业活动。发挥财税政策作用支持天使投资、创业投资发展，培育发展天使投资群体，推动大众创新创业。

（六）完善创业投融资机制。发挥多层次资本市场作用，为创新型企业提供综合金融服务。开展互联网股权众筹融资试点，增强众筹对大众创新创业的服务能力。规范和发展服务小微企业的区域性股权市场，促进科技初创企业融资，完善创业投资、天使投资退出和流转机制。鼓励银行业金融机构新设或改造部分分（支）行，作为从事科技型中小企业金融服务的专业或特色分（支）行，提供科技融资担保、知识产权质押、股权质押等方式的金融服务。

（七）丰富创新创业活动。鼓励社会力量围绕"大众创业、万众创新"组织开展各类公益活动。继续办好中国创新创业大赛、中国农业科技创新创业大赛等赛事活动，积极支持参与国际创新创业大赛，为投资机构与创新创业者提供对接平台。建立健全创业辅导制度，培育一批专业创业辅导师，鼓励拥有丰富经验和创业资源的企业家、天使投资人和专家学者担任创业导师或组成辅导团队。鼓励大企业建立服务大众创业的开放创新平台，支持社会力量举办创业沙龙、创业大讲堂、创业训练营等创业培训活动。

（八）营造创新创业文化氛围。积极倡导敢为人先、宽容失败的创新文化，树立崇尚创新、创业致富的价值导向，大力培育企业家精神和创客文化，将奇思妙想、创新创意转化为实实在在的创业活动。加强各类媒体对大众创新创业的新闻宣传和舆论引导，报道一批创新创业先进事迹，树立一批创新创业典型人物，让"大众创业、万众创新"在全社会蔚然成风。

三、组织实施

（一）加强组织领导。各地区、各部门要高度重视推进大众创新创业工作，切实抓紧抓好。各有关部门要按照职能分工，积极落实促进创新创业的各项政策措施。各地要加强对创新创业工作的组织领导，结合地方实际制定具体实施方案，明确工作部署，切实加大资金投入、政策支持和条件保障力度。

（二）加强示范引导。在国家自主创新示范区、国家高新技术产业开发区、小企业创业基地、大学科技园和其他有条件的地区开展创业示范工程。鼓励各地积极探索推进大众创新创业的新机制、新政策，不断完善创新创业服务体系，营造良好的创新创业环境。

（三）加强协调推进。科技部要加强与相关部门的工作协调，研究完善推进大众创新创业的政策措施，加强对发展众创空间的指导和支持。各地要做好大众创新创业政策落实情况调研、发展情况统计汇总等工作，及时报告有关进展情况。

国务院关于大力推进大众创业万众创新
若干政策措施的意见

国发〔2015〕32 号

各省、自治区、直辖市人民政府，国务院各部委、各直属机构：

推进"大众创业、万众创新"，是发展的动力之源，也是富民之道、公平之计、强国之策，对于推动经济结构调整、打造发展新引擎、增强发展新动力、走创新驱动发展道路具有重要意义，是稳增长、扩就业、激发亿万群众智慧和创造力，促进社会纵向流动、公平正义的重大举措。根据2015 年《政府工作报告》部署，为改革完善相关体制机制，构建普惠性政策扶持体系，推动资金链引导创业创新链、创业创新链支持产业链、产业链带动就业链，现提出以下意见。

一、充分认识推进"大众创业、万众创新"的重要意义

——推进"大众创业、万众创新"，是培育和催生经济社会发展新动力的必然选择。随着我国资源环境约束日益强化，要素的规模驱动力逐步减弱，传统的高投入、高消耗、粗放式发展方式难以为继，经济发展进入新常态，需要从要素驱动、投资驱动转向创新驱动。推进"大众创业、万众创新"，就是要通过结构性改革、体制机制创新，消除不利于创业创新发展的各种制度束缚和桎梏，支持各类市场主体不断开办新企业、开发新

产品、开拓新市场，培育新兴产业，形成小企业"铺天盖地"、大企业"顶天立地"的发展格局，实现创新驱动发展，打造新引擎、形成新动力。

——推进"大众创业、万众创新"，是扩大就业、实现富民之道的根本举措。我国有 13 亿多人口、9 亿多劳动力，每年高校毕业生、农村转移劳动力、城镇困难人员、退役军人数量较大，人力资源转化为人力资本的潜力巨大，但就业总量压力较大，结构性矛盾凸显。推进"大众创业、万众创新"，就是要通过转变政府职能、建设服务型政府，营造公平竞争的创业环境，使有梦想、有意愿、有能力的科技人员、高校毕业生、农民工、退役军人、失业人员等各类市场创业主体"如鱼得水"，通过创业增加收入，让更多的人富起来，促进收入分配结构调整，实现创新支持创业、创业带动就业的良性互动发展。

——推进"大众创业、万众创新"，是激发全社会创新潜能和创业活力的有效途径。目前，我国创业创新理念还没有深入人心，创业教育培训体系还不健全，善于创造、勇于创业的能力不足，鼓励创新、宽容失败的良好环境尚未形成。推进"大众创业、万众创新"，就是要通过加强全社会以创新为核心的创业教育，弘扬"敢为人先、追求创新、百折不挠"的创业精神，厚植创新文化，不断增强创业创新意识，使创业创新成为全社会共同的价值追求和行为习惯。

二、总体思路

按照"四个全面"战略布局，坚持改革推动，加快实施创新驱动发展战略，充分发挥市场在资源配置中的决定性作用和更好发挥政府作用，加大简政放权力度，放宽政策、放开市场、放活主体，形成有利于创业创新的良好氛围，让千千万万创业者活跃起来，汇聚成经济社会发展的巨大动能。不断完善体制机制、健全普惠性政策措施，加强统筹协调，构建有利于"大众创业、万众创新"蓬勃发展的政策环境、制度环境和公共服务体系，以创业带动就业、创新促进发展。

——坚持深化改革，营造创业环境。通过结构性改革和创新，进一步简政放权、放管结合、优化服务，增强创业创新制度供给，完善相关法律法规、扶持政策和激励措施，营造均等普惠环境，推动社会纵向流动。

——坚持需求导向，释放创业活力。尊重创业创新规律，坚持以人为本，切实解决创业者面临的资金需求、市场信息、政策扶持、技术支撑、公共服务等瓶颈问题，最大限度释放各类市场主体创业创新活力，开辟就业新空间，拓展发展新天地，解放和发展生产力。

——坚持政策协同，实现落地生根。加强创业、创新、就业等各类政策统筹，部门与地方政策联动，确保创业扶持政策可操作、能落地。鼓励有条件的地区先行先试，探索形成可复制、可推广的创业创新经验。

——坚持开放共享，推动模式创新。加强创业创新公共服务资源开放共享，整合利用全球创业创新资源，实现人才等创业创新要素跨地区、跨行业自由流动。依托"互联网+"、大数据等，推动各行业创新商业模式，建立和完善线上与线下、境内与境外、政府与市场开放合作等创业创新机制。

三、创新体制机制，实现创业便利化

（一）完善公平竞争市场环境。进一步转变政府职能，增加公共产品和服务供给，为创业者提供更多机会。逐步清理并废除妨碍创业发展的制度和规定，打破地方保护主义。加快出台公平竞争审查制度，建立统一透明、有序规范的市场环境。依法反垄断和反不正当竞争，消除不利于创业创新发展的垄断协议和滥用市场支配地位以及其他不正当竞争行为。清理规范涉企收费项目，完善收费目录管理制度，制定事中事后监管办法。建立和规范企业信用信息发布制度，制定严重违法企业名单管理办法，把创业主体信用与市场准入、享受优惠政策挂钩，完善以信用管理为基础的创业创新监管模式。

（二）深化商事制度改革。加快实施工商营业执照、组织机构代码证、税务登记证"三证合一"、"一照一码"，落实"先照后证"改革，推进全程电子化登记和电子营业执照应用。支持各地结合实际放宽新注册企业场所登记条件限制，推动"一址多照"、集群注册等住所登记改革，为创业创新提供便利的工商登记服务。建立市场准入等负面清单，破除不合理的行业准入限制。开展企业简易注销试点，建立便捷的市场退出机制。依托企业信用信息公示系统建立小微企业名录，增强创业企业信息透明度。

（三）加强创业知识产权保护。研究商业模式等新形态创新成果的知识产权保护办法。积极推进知识产权交易，加快建立全国知识产权运营公共服务平台。完善知识产权快速维权与维权援助机制，缩短确权审查、侵权处理周期。集中查处一批侵犯知识产权的大案要案，加大对反复侵权、恶意侵权等行为的处罚力度，探索实施惩罚性赔偿制度。完善权利人维权机制，合理划分权利人举证责任，完善行政调解等非诉讼纠纷解决途径。

（四）健全创业人才培养与流动机制。把创业精神培育和创业素质教育纳入国民教育体系，实现全社会创业教育和培训制度化、体系化。加快完善创业课程设置，加强创业实训体系建设。加强创业创新知识普及教育，使"大众创业、万众创新"深入人心。加强创业导师队伍建设，提高创业服务水平。加快推进社会保障制度改革，破除人才自由流动制度障碍，实现党政机关、企事业单位、社会各方面人才顺畅流动。加快建立创业创新绩效评价机制，让一批富有创业精神、勇于承担风险的人才脱颖而出。

四、优化财税政策，强化创业扶持

（五）加大财政资金支持和统筹力度。各级财政要根据创业创新需要，统筹安排各类支持小微企业和创业创新的资金，加大对创业创新支持力度，强化资金预算执行和监管，加强资金使用绩效评价。支持有条件的地方政府设立创业基金，扶持创业创新发展。在确保公平竞争前提下，鼓励对众创空间等孵化机构的办公用房、用水、用能、网络等软硬件设施给予适当优惠，减轻创业者负担。

（六）完善普惠性税收措施。落实扶持小微企业发展的各项税收优惠政策。落实科技企业孵化器、大学科技园、研发费用加计扣除、固定资产加速折旧等税收优惠政策。对符合条件的众创空间等新型孵化机构适用科技企业孵化器税收优惠政策。按照税制改革方向和要求，对包括天使投资在内的投向种子期、初创期等创新活动的投资，统筹研究相关税收支持政策。修订完善高新技术企业认定办法，完善创业投资企业享受70%应纳税所得额税收抵免政策。抓紧推广中关村国家自主创新示范区税收试点政策，将企业转增股本分期缴纳个人所得税试点政策、股权奖励分期缴纳个人所得税试点政策推广至全国范围。落实促进高校毕业生、残疾人、退役军人、登记失业人员等创业就业税收政策。

（七）发挥政府采购支持作用。完善促进中小企业发展的政府采购政策，加强对采购单位的政策指导和监督检查，督促采购单位改进采购计划编制和项目预留管理，增强政策对小微企业发展的支持效果。加大创新产品和服务的采购力度，把政府采购与支持创业发展紧密结合起来。

五、搞活金融市场，实现便捷融资

（八）优化资本市场。支持符合条件的创业企业上市或发行票据融资，并鼓励创业企业通过债券市场筹集资金。积极研究尚未盈利的互联网和高新技术企业到创业板发行上市制度，推动在上海证券交易所建立战略新兴产业板。加快推进全国中小企业股份转让系统向创业板转板试点。研究解决特殊股权结构类创业企业在境内上市的制度性障碍，完善资本市场规则。规范发展服务于中小微企业的区域性股权市场，推动建立工商登记部门与区域性股权市场的股权登记对接机制，支持股权质押融资。支持符合条件的发行主体发行小微企业增信集合债等企业债券创新品种。

（九）创新银行支持方式。鼓励银行提高针对创业创新企业的金融服务专业化水平，不断创新组织架构、管理方式和金融产品。推动银行与其他金融机构加强合作，对创业创新活动给予有针对性的股权和债权融资支持。鼓励银行业金融机构向创业企业提供结算、融资、理财、咨询等一站式系统化的金融服务。

（十）丰富创业融资新模式。支持互联网金融发展，引导和鼓励众筹融资平台规范发展，开展公开、小额股权众筹融资试点，加强风险控制和规范管理。丰富完善创业担保贷款政策。支持保险资金参与创业创新，发展相互保险等新业务。完善知识产权估值、质押和流转体系，依法合规推动知识产权质押融资、专利许可费收益权证券化、专利保险等服务常态化、规模化发展，支持知识产权金融发展。

六、扩大创业投资，支持创业起步成长

（十一）建立和完善创业投资引导机制。不断扩大社会资本参与新兴

产业创投计划参股基金规模，做大直接融资平台，引导创业投资更多向创业企业起步成长的前端延伸。不断完善新兴产业创业投资政策体系、制度体系、融资体系、监管和预警体系，加快建立考核评价体系。加快设立国家新兴产业创业投资引导基金和国家中小企业发展基金，逐步建立支持创业创新和新兴产业发展的市场化长效运行机制。发展联合投资等新模式，探索建立风险补偿机制。鼓励各地方政府建立和完善创业投资引导基金。加强创业投资立法，完善促进天使投资的政策法规。促进国家新兴产业创业投资引导基金、科技型中小企业创业投资引导基金、国家科技成果转化引导基金、国家中小企业发展基金等协同联动。推进创业投资行业协会建设，加强行业自律。

（十二）拓宽创业投资资金供给渠道。加快实施新兴产业"双创"三年行动计划，建立一批新兴产业"双创"示范基地，引导社会资金支持大众创业。推动商业银行在依法合规、风险隔离的前提下，与创业投资机构建立市场化长期性合作。进一步降低商业保险资金进入创业投资的门槛。推动发展投贷联动、投保联动、投债联动等新模式，不断加大对创业创新企业的融资支持。

（十三）发展国有资本创业投资。研究制定鼓励国有资本参与创业投资的系统性政策措施，完善国有创业投资机构激励约束机制、监督管理机制。引导和鼓励中央企业和其他国有企业参与新兴产业创业投资基金、设立国有资本创业投资基金等，充分发挥国有资本在创业创新中的作用。研究完善国有创业投资机构国有股转持豁免政策。

（十四）推动创业投资"引进来"与"走出去"。抓紧修订外商投资创业投资企业相关管理规定，按照内外资一致的管理原则，放宽外商投资准入，完善外资创业投资机构管理制度，简化管理流程，鼓励外资开展创业投资业务。放宽对外资创业投资基金投资限制，鼓励中外合资创业投资机构发展。引导和鼓励创业投资机构加大对境外高端研发项目的投资，积极分享境外高端技术成果。按投资领域、用途、募集资金规模，完善创业投资境外投资管理。

七、发展创业服务，构建创业生态

（十五）加快发展创业孵化服务。大力发展创新工场、车库咖啡等新型孵化器，做大做强众创空间，完善创业孵化服务。引导和鼓励各类创业孵化器与天使投资、创业投资相结合，完善投融资模式。引导和推动创业孵化与高校、科研院所等技术成果转移相结合，完善技术支撑服务。引导和鼓励国内资本与境外合作设立新型创业孵化平台，引进境外先进创业孵化模式，提升孵化能力。

（十六）大力发展第三方专业服务。加快发展企业管理、财务咨询、市场营销、人力资源、法律顾问、知识产权、检验检测、现代物流等第三方专业化服务，不断丰富和完善创业服务。

（十七）发展"互联网+"创业服务。加快发展"互联网+"创业网络体系，建设一批小微企业创业创新基地，促进创业与创新、创业与就业、线上与线下相结合，降低全社会创业门槛和成本。加强政府数据开放共享，推动大型互联网企业和基础电信企业向创业者开放计算、存储和数据资源。积极推广众包、用户参与设计、云设计等新型研发组织模式和创业创新模式。

（十八）研究探索创业券、创新券等公共服务新模式。有条件的地方继续探索通过创业券、创新券等方式对创业者和创新企业提供社会培训、管理咨询、检验检测、软件开发、研发设计等服务，建立和规范相关管理制度和运行机制，逐步形成可复制、可推广的经验。

八、建设创业创新平台，增强支撑作用

（十九）打造创业创新公共平台。加强创业创新信息资源整合，建立创业政策集中发布平台，完善专业化、网络化服务体系，增强创业创新信息透明度。鼓励开展各类公益讲坛、创业论坛、创业培训等活动，丰富创业平台形式和内容。支持各类创业创新大赛，定期办好中国创新创业大赛、中国农业科技创新创业大赛和创新挑战大赛等赛事。加强和完善中小企业公共服务平台网络建设。充分发挥企业的创新主体作用，鼓励和支持有条件的大型企业发展创业平台、投资并购小微企业等，支持企业内外部创业者创业，增强企业创业创新活力。为创业失败者再创业建立必要的指导和援助机制，不断增强创业信心和创业能力。加快建立创业企业、天使投资、创业投资统计指标体系，规范统计口径和调查方法，加强监测和分析。

（二十）用好创业创新技术平台。建立科技基础设施、大型科研仪器和专利信息资源向全社会开放的长效机制。完善国家重点实验室等国家级科研平台（基地）向社会开放机制，为"大众创业、万众创新"提供有力支撑。鼓励企业建立一批专业化、市场化的技术转移平台。鼓励依托三维（3D）打印、网络制造等先进技术和发展模式，开展面向创业者的社会化服务。引导和支持有条件的领军企业创建特色服务平台，面向企业内部和外部创业者提供资金、技术和服务支撑。加快建立军民两用技术项目实施、信息交互和标准化协调机制，促进军民创新资源融合。

（二十一）发展创业创新区域平台。支持开展全面创新改革试验的省（区、市）、国家综合配套改革试验区等，依托改革试验平台在创业创新体制机制改革方面积极探索，发挥示范和带动作用，为创业创新制度体系建设提供可复制、可推广的经验。依托自由贸易试验区、国家自主创新示

范区、战略性新兴产业集聚区等创业创新资源密集区域，打造若干具有全球影响力的创业创新中心。引导和鼓励创业创新型城市完善环境，推动区域集聚发展。推动实施小微企业创业基地城市示范。鼓励有条件的地方出台各具特色的支持政策，积极盘活闲置的商业用房、工业厂房、企业库房、物流设施和家庭住所、租赁房等资源，为创业者提供低成本办公场所和居住条件。

九、激发创造活力，发展创新型创业

（二十二）支持科研人员创业。加快落实高校、科研院所等专业技术人员离岗创业政策，对经同意离岗的可在 3 年内保留人事关系，建立健全科研人员双向流动机制。进一步完善创新型中小企业上市股权激励和员工持股计划制度规则。鼓励符合条件的企业按照有关规定，通过股权、期权、分红等激励方式，调动科研人员创业积极性。支持鼓励学会、协会、研究会等科技社团为科技人员和创业企业提供咨询服务。

（二十三）支持大学生创业。深入实施大学生创业引领计划，整合发展高校毕业生就业创业基金。引导和鼓励高校统筹资源，抓紧落实大学生创业指导服务机构、人员、场地、经费等。引导和鼓励成功创业者、知名企业家、天使和创业投资人、专家学者等担任兼职创业导师，提供包括创业方案、创业渠道等创业辅导。建立健全弹性学制管理办法，支持大学生保留学籍休学创业。

（二十四）支持境外人才来华创业。发挥留学回国人才特别是领军人才、高端人才的创业引领带动作用。继续推进人力资源市场对外开放，建立和完善境外高端创业创新人才引进机制。进一步放宽外籍高端人才来华创业办理签证、永久居留证等条件，简化开办企业审批流程，探索由事前审批调整为事后备案。引导和鼓励地方对回国创业高端人才和境外高端人才来华创办高科技企业给予一次性创业启动资金，在配偶就业、子女入学、医疗、住房、社会保障等方面完善相关措施。加强海外科技人才离岸创业基地建设，把更多的国外创业创新资源引入国内。

十、拓展城乡创业渠道，实现创业带动就业

（二十五）支持电子商务向基层延伸。引导和鼓励集办公服务、投融资支持、创业辅导、渠道开拓于一体的市场化网商创业平台发展。鼓励龙头企业结合乡村特点建立电子商务交易服务平台、商品集散平台和物流中心，推动农村依托互联网创业。鼓励电子商务第三方交易平台渠道下沉，带动城乡基层创业人员依托其平台和经营网络开展创业。完善有利于中小网商发展的相关措施，在风险可控、商业可持续的前提下支持发展面向中小网商的融资贷款业务。

（二十六）支持返乡创业集聚发展。结合城乡区域特点，建立有市场竞争力的协作创业模式，形成各具特色的返乡人员创业联盟。引导返乡创业人员融入特色专业市场，打造具有区域特点的创业集群和优势产业集群。深入实施农村青年创业富民行动，支持返乡创业人员因地制宜围绕休闲农业、农产品深加工、乡村旅游、农村服务业等开展创业，完善家庭农场等新型农业经营主体发展环境。

（二十七）完善基层创业支撑服务。加强城乡基层创业人员社保、住房、教育、医疗等公共服务体系建设，完善跨区域创业转移接续制度。健全职业技能培训体系，加强远程公益创业培训，提升基层创业人员创业能力。引导和鼓励中小金融机构开展面向基层创业创新的金融产品创新，发挥社区地理和软环境优势，支持社区创业者创业。引导和鼓励行业龙头企

业、大型物流企业发挥优势，拓展乡村信息资源、物流仓储等技术和服务网络，为基层创业提供支撑。

十一、加强统筹协调，完善协同机制

（二十八）加强组织领导。建立由发展改革委牵头的推进大众创业万众创新部际联席会议制度，加强顶层设计和统筹协调。各地区、各部门要立足改革创新，坚持需求导向，从根本上解决创业创新中面临的各种体制机制问题，共同推进大众创业、万众创新蓬勃发展。重大事项要及时向国务院报告。

（二十九）加强政策协调联动。建立部门之间、部门与地方之间政策协调联动机制，形成强大合力。各地区、各部门要系统梳理已发布的有关支持创业创新发展的各项政策措施，抓紧推进"立、改、废"工作，将对初创企业的扶持方式从选拔式、分配式向普惠式、引领式转变。建立健全创业创新政策协调审查制度，增强政策普惠性、连贯性和协同性。

（三十）加强政策落实情况督查。加快建立推进大众创业、万众创新有关普惠性政策措施落实情况督查督导机制，建立和完善政策执行评估体系和通报制度，全力打通决策部署的"最先一公里"和政策落实的"最后一公里"，确保各项政策措施落地生根。

各地区、各部门要进一步统一思想认识，高度重视、认真落实本意见的各项要求，结合本地区、本部门实际明确任务分工、落实工作责任，主动作为、敢于担当，积极研究解决新问题，及时总结推广经验做法，加大宣传力度，加强舆论引导，推动本意见确定的各项政策措施落实到位，不断拓展大众创业、万众创新的空间，汇聚经济社会发展新动能，促进我国经济保持中高速增长、迈向中高端水平。

国务院关于加快构建大众创业万众创新
支撑平台的指导意见

国发〔2015〕53 号

各省、自治区、直辖市人民政府，国务院各部委、各直属机构：

当前，全球分享经济快速增长，基于互联网等方式的创业创新蓬勃兴起，众创、众包、众扶、众筹（以下统称四众）等大众创业万众创新支撑平台快速发展，新模式、新业态不断涌现，线上线下加快融合，对生产方式、生活方式、治理方式产生广泛而深刻的影响，动力强劲，潜力巨大。同时，在四众发展过程中也面临行业准入、信用环境、监管机制等方面的问题。为落实党中央、国务院关于大力推进大众创业万众创新和推动实施"互联网+"行动的有关部署，现就加快构建大众创业万众创新支撑平台、推进四众持续健康发展提出以下意见。

一、把握发展机遇，汇聚经济社会发展新动能

四众有效拓展了创业创新与市场资源、社会需求的对接通道，搭建了多方参与的高效协同机制，丰富了创业创新组织形态，优化了劳动、信息、知识、技术、管理、资本等资源的配置方式，为社会大众广泛平等参与创业创新、共同分享改革红利和发展成果提供了更多元的途径和更广阔的空间。

众创，汇众智搞创新，通过创业创新服务平台聚集全社会各类创新资

源，大幅降低创业创新成本，使每一个具有科学思维和创新能力的人都可参与创新，形成大众创造、释放众智的新局面。

众包，汇众力增就业，借助互联网等手段，将传统由特定企业和机构完成的任务向自愿参与的所有企业和个人进行分工，最大限度利用大众力量，以更高的效率、更低的成本满足生产及生活服务需求，促进生产方式变革，开拓集智创新、便捷创业、灵活就业的新途径。

众扶，汇众能助创业，通过政府和公益机构支持、企业帮扶援助、个人互助互扶等多种方式，共助小微企业和创业者成长，构建创业创新发展的良好生态。

众筹，汇众资促发展，通过互联网平台向社会募集资金，更灵活高效满足产品开发、企业成长和个人创业的融资需求，有效增加传统金融体系服务小微企业和创业者的新功能，拓展创业创新投融资新渠道。

当前我国正处于发展动力转换的关键时期，加快发展四众具有极为重要的现实意义和战略意义，有利于激发蕴藏在人民群众之中的无穷智慧和创造力，将我国的人力资源优势迅速转化为人力资本优势，促进科技创新，拓展就业空间，汇聚发展新动能；有利于加快网络经济和实体经济融合，充分利用国内国际创新资源，提高生产效率，助推"中国制造2025"，加快转型升级，壮大分享经济，培育新的经济增长点；有利于促进政府加快完善与新经济形态相适应的体制机制，创新管理方式，提升服务能力，释放改革红利；有利于实现机会公平、权利公平、人人参与又人人受益的包容性增长，探索一条中国特色的众人创富、劳动致富之路。

二、创新发展理念，着力打造创业创新新格局

全面贯彻党的十八大和十八届二中、三中、四中全会精神，按照党中

央、国务院决策部署，加快实施创新驱动发展战略，不断深化改革，顺应"互联网+"时代大融合、大变革趋势，充分发挥我国互联网应用创新的综合优势，充分激发广大人民群众和市场主体的创业创新活力，推动线上与线下相结合、传统与新兴相结合、引导与规范相结合，按照"坚持市场主导、包容创业创新、公平有序发展、优化治理方式、深化开放合作"的基本原则，营造四众发展的良好环境，推动各类要素资源集聚、开放、共享，提高资源配置效率，加快四众广泛应用，在更大范围、更高层次、更深程度上推进大众创业、万众创新，打造新引擎，壮大新经济。

——坚持市场主导。充分发挥市场在资源配置中的决定性作用，强化企业和劳动者的主体地位，尊重市场选择，积极发展有利于提高资源利用效率、激发大众智慧、满足人民群众需求、创造经济增长新动力的新模式、新业态。

——包容创业创新。以更包容的态度、更积极的政策营造四众发展的宽松环境，激发人民群众的创业创新热情，鼓励各类主体充分利用互联网带来的新机遇，积极探索四众的新平台、新形式、新应用，开拓创业创新发展新空间。

——公平有序发展。坚持公平进入、公平竞争、公平监管，破除限制新模式新业态发展的不合理约束和制度瓶颈，营造传统与新兴、线上与线下主体之间公平发展的良好环境，维护各类主体合法权益，引导各方规范有序发展。

——优化治理方式。转变政府职能，进一步简政放权，强化事中事后监管，优化提升公共服务，加强协同，创新手段，发挥四众平台企业内部治理和第三方治理作用，健全政府、行业、企业、社会共同参与的治理机制，推动四众持续健康发展。

——深化开放合作。"引进来"与"走出去"相结合，充分利用四众平台，优化配置国际创新资源，借鉴国际管理经验，积极融入全球创新网络。鼓励采用四众模式搭建对外开放新平台，面向国际市场拓展服务领域，深化创业创新国际合作。

三、全面推进众创，释放创业创新能量

（一）大力发展专业空间众创。鼓励各类科技园、孵化器、创业基地、农民工返乡创业园等加快与互联网融合创新，打造线上线下相结合的大众创业万众创新载体。鼓励各类线上虚拟众创空间发展，为创业创新者提供跨行业、跨学科、跨地域的线上交流和资源链接服务。鼓励创客空间、创业咖啡、创新工场等新型众创空间发展，推动基于"互联网+"的创业创新活动加速发展。

（二）鼓励推进网络平台众创。鼓励大型互联网企业、行业领军企业通过网络平台向各类创业创新主体开放技术、开发、营销、推广等资源，鼓励各类电子商务平台为小微企业和创业者提供支撑，降低创业门槛，加强创业创新资源共享与合作，促进创新成果及时转化，构建开放式创业创新体系。

（三）培育壮大企业内部众创。通过企业内部资源平台化，积极培育内部创客文化，激发员工创造力；鼓励大中型企业通过投资员工创业开拓新的业务领域、开发创新产品，提升市场适应能力和创新能力；鼓励企业建立健全股权激励机制，突破成长中的管理瓶颈，形成持续的创新动力。

四、积极推广众包，激发创业创新活力

（四）广泛应用研发创意众包。鼓励企业与研发机构等通过网络平台将部分设计、研发任务分发和交付，促进成本降低和提质增效，推动产品技术的跨学科融合创新。鼓励企业通过网络社区等形式广泛征集用户创意，促进产品规划与市场需求无缝对接，实现万众创新与企业发展相互促动。鼓励中国服务外包示范城市、技术先进型服务企业和服务外包重点联系企业积极应用众包模式。

（五）大力实施制造运维众包。支持有能力的大中型制造企业通过互联网众包平台聚集跨区域标准化产能，满足大规模标准化产品订单的制造需求。结合深化国有企业改革，鼓励采用众包模式促进生产方式变革。鼓励中小制造企业通过众包模式构筑产品服务运维体系，提升用户体验，降低运维成本。

（六）加快推广知识内容众包。支持百科、视频等开放式平台积极通过众包实现知识内容的创造、更新和汇集，引导有能力、有条件的个人和企业积极参与，形成大众智慧集聚共享新模式。

（七）鼓励发展生活服务众包。推动交通出行、无车承运物流、快件投递、旅游、医疗、教育等领域生活服务众包，利用互联网技术高效对接供需信息，优化传统生活服务行业的组织运营模式。推动整合利用分散闲置社会资源的分享经济新型服务模式，打造人民群众广泛参与、互助互利的服务生态圈。发展以社区生活服务业为核心的电子商务服务平台，拓展服务性网络消费领域。

五、立体实施众扶，集聚创业创新合力

（八）积极推动社会公共众扶。加快公共科技资源和信息资源开放共享，提高各类公益事业机构、创新平台和基地的服务能力，推动高校和科研院所向小微企业和创业者开放科研设施，降低大众创业、万众创新的成本。鼓励行业协会、产业联盟等行业组织和第三方服务机构加强对小微企业和创业者的支持。

（九）鼓励倡导企业分享众扶。鼓励大中型企业通过生产协作、开放平台、共享资源、开放标准等方式，带动上下游小微企业和创业者发展。鼓励有条件的企业依法合规发起或参与设立公益性创业基金，开展创业培训和指导，履行企业社会责任。鼓励技术领先企业向标准化组织、产业联盟等贡献基础性专利或技术资源，推动产业链协同创新。

（十）大力支持公众互助众扶。支持开源社区、开发者社群、资源共享平台、捐赠平台、创业沙龙等各类互助平台发展。鼓励成功企业家以天使投资、慈善、指导帮扶等方式支持创业者创业。鼓励通过网络平台、线下社区、公益组织等途径扶助大众创业就业，促进互助互扶，营造深入人心、氛围浓厚的众扶文化。

六、稳健发展众筹，拓展创业创新融资

（十一）积极开展实物众筹。鼓励消费电子、智能家居、健康设备、特色农产品等创新产品开展实物众筹，支持艺术、出版、影视等创意项目在加强内容管理的同时，依法开展实物众筹。积极发挥实物众筹的资金筹集、创意展示、价值发现、市场接受度检验等功能，帮助将创新创意付诸实践，提供快速、便捷、普惠化服务。

（十二）稳步推进股权众筹。充分发挥股权众筹作为传统股权融资方式有益补充的作用，增强金融服务小微企业和创业创新者的能力。稳步推进股权众筹融资试点，鼓励小微企业和创业者通过股权众筹融资方式募集早期股本。对投资者实行分类管理，切实保护投资者合法权益，防范金融风险。

（十三）规范发展网络借贷。鼓励互联网企业依法合规设立网络借贷平台，为投融资双方提供借贷信息交互、撮合、资信评估等服务。积极运用互联网技术优势构建风险控制体系，缓解信息不对称，防范风险。

七、推进放管结合，营造宽松发展空间

（十四）完善市场准入制度。积极探索交通出行、无车承运物流、快递、金融、医疗、教育等领域的准入制度创新，通过分类管理、试点示范等方式，依法为众包、众筹等新模式新业态的发展营造政策环境。针对众包资产轻、平台化、受众广、跨地域等特点，放宽市场准入条件，降低行业准入门槛。（交通运输部、邮政局、人民银行、证监会、银监会、卫生计生委、教育部等负责）

（十五）建立健全监管制度。适应新业态发展要求，建立健全行业标准规范和规章制度，明确四众平台企业在质量管理、信息内容管理、知识产权、申报纳税、社会保障、网络安全等方面的责任、权利和义务。（质检总局、新闻出版广电总局、知识产权局、税务总局、人力资源社会保障部、网信办、工业和信息化部等负责）因业施策，加快研究制定重点领域促进四众发展的相关意见。（交通运输部、邮政局、人民银行、证监会、银监会、卫生计生委、教育部等负责）

（十六）创新行业监管方式。建立以信用为核心的新型市场监管机制，

加强跨部门、跨地区协同监管。建立健全事中事后监管体系，充分发挥全国统一的信用信息共享交换平台、企业信用信息公示系统等的作用，利用大数据、随机抽查、信用评价等手段加强监督检查和对违法违规行为的处置。（发展改革委、工业和信息化部、工商总局、相关行业主管部门负责）

（十七）优化提升公共服务。加快商事制度改革，支持各地结合实际放宽新注册企业场所登记条件限制，推动"一址多照"、集群注册等住所登记改革，为创业创新提供便利的工商登记服务。简化和完善注销流程，开展个体工商户、未开业企业、无债权债务企业简易注销登记试点。推进全程电子化登记和电子营业执照应用，简化行政审批程序，为企业发展提供便利。加强行业监管、企业登记等相关部门与四众平台企业的信息互联共享，推进公共数据资源开放，加快推行电子签名、电子认证，推动电子签名国际互认，为四众发展提供支撑。进一步清理和取消职业资格许可认定，研究建立国家职业资格目录清单管理制度，加强对新设职业资格的管理。（工商总局、发展改革委、科技部、工业和信息化部、人力资源社会保障部、相关行业主管部门负责）

（十八）促进开放合作发展。有序引导外资参与四众发展，培育一批国际化四众平台企业。鼓励四众平台企业利用全球创新资源，面向国际市场拓展服务。加强国际合作，鼓励小微企业和创业者承接国际业务。（商务部、发展改革委牵头负责）

八、完善市场环境，夯实健康发展基础

（十九）加快信用体系建设。引导四众平台企业建立实名认证制度和信用评价机制，健全相关主体信用记录，鼓励发展第三方信用评价服务。建立四众平台企业的信用评价机制，公开评价结果，保障用户的知情权。

建立完善信用标准化体系，制定四众发展信用环境相关的关键信用标准，规范信用信息采集、处理、评价、应用、交换、共享和服务。依法合理利用网络交易行为等在互联网上积累的信用数据，对现有征信体系和评测体系进行补充和完善。推进全国统一的信用信息共享交换平台、企业信用信息公示系统等与四众平台企业信用体系互联互通，实现资源共享。（发展改革委、人民银行、工商总局、质检总局牵头负责）

（二十）深化信用信息应用。鼓励发展信用咨询、信用评估、信用担保和信用保险等信用服务业。建立健全守信激励机制和失信联合惩戒机制，加大对守信行为的表彰和宣传力度，在市场监管和公共服务过程中，对诚实守信者实行优先办理、简化程序等"绿色通道"支持激励政策，对违法失信者依法予以限制或禁入。（发展改革委、人民银行牵头负责）

（二十一）完善知识产权环境。加大网络知识产权执法力度，促进在线创意、研发成果申请知识产权保护，研究制定四众领域的知识产权保护政策。运用技术手段加强在线创意、研发成果的知识产权执法，切实维护创业创新者权益。加强知识产权相关法律法规、典型案例的宣传和培训，增强中小微企业知识产权意识和管理能力。（知识产权局牵头负责）

九、强化内部治理，塑造自律发展机制

（二十二）提升平台治理能力。鼓励四众平台企业结合自身商业模式，积极利用信息化手段加强内部制度建设和管理规范，提高风险防控能力、信息内容管理能力和网络安全水平。引导四众平台企业履行管理责任，建立用户权益保障机制。（网信办、工业和信息化部、工商总局等负责）

（二十三）加强行业自律规范。强化行业自律，规范四众从业机构市场行为，保护行业合法权益。推动行业组织制定各类产品和服务标准，促

进企业之间的业务交流和信息共享。完善行业纠纷协调和解决机制，鼓励第三方以及用户参与平台治理。构建在线争议解决、现场接待受理、监管部门受理投诉、第三方调解以及仲裁、诉讼等多元化纠纷解决机制。（相关行业主管部门、行政执法部门负责）

（二十四）保障网络信息安全。四众平台企业应当切实提升技术安全水平，及时发现和有效应对各类网络安全事件，确保网络平台安全稳定运行。妥善保管各类用户资料和交易信息，不得买卖、泄露用户信息，保障信息安全。强化守法、诚信、自律意识，营造诚信规范发展的良好氛围。（网信办、工业和信息化部牵头负责）

十、优化政策扶持，构建持续发展环境

（二十五）落实财政支持政策。创新财政科技专项资金支持方式，支持符合条件的企业通过众创、众包等方式开展相关科技活动。充分发挥国家新兴产业创业投资引导基金、国家中小企业发展基金等政策性基金作用，引导社会资源支持四众加快发展。降低对实体营业场所、固定资产投入等硬性指标要求，将对线下实体众创空间的财政扶持政策惠及网络众创空间。加大中小企业专项资金对小微企业创业基地建设的支持力度。大力推进小微企业公共服务平台和创业基地建设，加大政府购买服务力度，为采用四众模式的小微企业免费提供管理指导、技能培训、市场开拓、标准咨询、检验检测认证等服务。（财政部、发展改革委、工业和信息化部、科技部、商务部、质检总局等负责）

（二十六）实行适用税收政策。加快推广使用电子发票，支持四众平台企业和采用众包模式的中小微企业及个体经营者按规定开具电子发票，并允许将电子发票作为报销凭证。对于业务规模较小、处于初创期的从业

机构符合现行小微企业税收优惠政策条件的，可按规定享受税收优惠政策。（财政部、税务总局牵头负责）

（二十七）创新金融服务模式。引导天使投资、创业投资基金等支持四众平台企业发展，支持符合条件的企业在创业板、新三板等上市挂牌。鼓励金融机构在风险可控和商业可持续的前提下，基于四众特点开展金融产品和服务创新，积极发展知识产权质押融资。大力发展政府支持的融资担保机构，加强政府引导和银担合作，综合运用资本投入、代偿补偿等方式，加大财政支持力度，引导和促进融资担保机构和银行业金融机构为符合条件的四众平台企业提供快捷、低成本的融资服务。（人民银行、证监会、银监会、保监会、发展改革委、工业和信息化部、财政部、科技部、商务部、人力资源社会保障部、知识产权局、质检总局等负责）

（二十八）深化科技体制改革。全面落实下放科技成果使用、处置和收益权，鼓励科研人员双向流动等改革部署，激励更多科研人员投身创业创新。加大科研基础设施、大型科研仪器向社会开放的力度，为更多小微企业和创业者提供支撑。（科技部牵头负责）

（二十九）繁荣创业创新文化。设立"全国大众创业万众创新活动周"，加强政策宣传，展示创业成果，促进投资对接和互动交流，为创业创新提供展示平台。继续办好中国创新创业大赛、中国农业科技创新创业大赛等赛事活动。引导各类媒体加大对四众的宣传力度，普及四众知识，发掘典型案例，推广成功经验，培育尊重知识、崇尚创造、追求卓越的创新文化。（发展改革委、科技部、工业和信息化部、中央宣传部、中国科协等负责）

（三十）鼓励地方探索先行。充分尊重和发挥基层首创精神，因地制宜，突出特色。支持各地探索适应新模式新业态发展特点的管理模式，及时总结形成可复制、可推广的经验。支持全面创新改革试验区、自由贸易试验区、国家自主创新示范区、战略性新兴产业集聚区、国家级经济技术开发区、跨境电子商务综合试验区等加大改革力度，强化对创业创新公共服务平台的扶持，充分发挥四众发展的示范带动作用。（发展改革委、科技部、商务部、相关地方省级人民政府等负责）

各地区、各部门应加大对众创、众包、众扶、众筹等创业创新活动的引导和支持力度，加强统筹协调，探索制度创新，完善政府服务，科学组织实施，鼓励先行先试，不断开创大众创业、万众创新的新局面。

国务院关于强化实施创新驱动发展战略
进一步推进大众创业万众创新深入发展的意见

国发〔2017〕37 号

各省、自治区、直辖市人民政府，国务院各部委、各直属机构：

创新是社会进步的灵魂，创业是推进经济社会发展、改善民生的重要途径，创新和创业相连一体、共生共存。近年来，大众创业、万众创新蓬勃兴起，催生了数量众多的市场新生力量，促进了观念更新、制度创新和生产经营管理方式的深刻变革，有效提高了创新效率、缩短了创新路径，已成为稳定和扩大就业的重要支撑、推动新旧动能转换和结构转型升级的重要力量，正在成为中国经济行稳致远的活力之源。为进一步系统性优化创新创业生态环境，强化政策供给，突破发展瓶颈，充分释放全社会创新创业潜能，在更大范围、更高层次、更深程度上推进大众创业、万众创新，现提出如下意见。

一、大众创业、万众创新深入发展是实施创新驱动发展战略的重要载体

深入推进供给侧结构性改革，全面实施创新驱动发展战略，加快新旧动能接续转换，着力振兴实体经济，必须坚持"融合、协同、共享"，推进大众创业、万众创新深入发展。要进一步优化创新创业的生态环境，着

力推动"放管服"改革，构建包容创新的审慎监管机制，有效促进政府职能转变；进一步拓展创新创业的覆盖广度，着力推动创新创业群体更加多元，发挥大企业、科研院所和高等院校的领军作用，有效促进各类市场主体融通发展；进一步提升创新创业的科技内涵，着力激发专业技术人才、高技能人才等的创造潜能，强化基础研究和应用技术研究的有机衔接，加速科技成果向现实生产力转化，有效促进创新型创业蓬勃发展；进一步增强创新创业的发展实效，着力推进创新创业与实体经济发展深度融合，结合"互联网+"、"中国制造2025"和军民融合发展等重大举措，有效促进新技术、新业态、新模式加快发展和产业结构优化升级。

——创新为本、高端引领。以科技创新为基础支撑，实现创新带动创业、创业促进创新的良性循环。坚持质量效率并重，引导创新创业多元化、特色化、专业化发展，推动产业迈向中高端。坚持创新创业与实体经济相结合，实现一二三产业相互渗透，推动军民融合深入发展，创造新供给、释放新需求，增强产业活力和核心竞争力。

——改革先行、精准施策。以深化改革为核心动力，主动适应、把握、引领经济发展新常态，面向新趋势、新特征、新需求，主动作为，针对重点领域、典型区域、关键群体的特点精准发力，出实招、下实功、见实效。着力破除制约创新创业发展的体制机制障碍，促进生产、管理、分配和创新模式的深刻变革，继续深入推进"放管服"改革，积极探索包容审慎监管，为新动能的成长打开更大空间。

——人才优先、主体联动。以人才支撑为第一要素，改革人才引进、激励、发展和评价机制，激发人才创造潜能，鼓励科技人员、中高等院校毕业生、留学回国人才、农民工、退役士兵等有梦想、有意愿、有能力的群体更多投身创新创业。加强科研机构、高校、企业、创客等主体协同，促进大中小微企业优势互补，推动城镇与农村创新创业同步发展，形成创新创业多元主体合力汇聚、活力迸发的良性格局。

——市场主导、资源聚合。充分发挥市场配置资源的决定性作用，整合政府、企业、社会等多方资源，建设众创、众包、众扶、众筹支撑平台，健全创新创业服务体系，推动政策、技术、资本等各类要素向创新创业集聚，充分发挥社会资本作用，以市场化机制促进多元化供给与多样化需求更好对接，实现优化配置。

——价值创造、共享发展。以价值创造为本质内涵，大力弘扬创新文化，厚植创业沃土，营造敢为人先、宽容失败的良好氛围，推动创新创业成为生活方式和人生追求。践行共享发展理念，实现人人参与、人人尽力、人人享有，使创新创业成果更多更公平地惠及全体人民，促进社会公平正义。

二、加快科技成果转化

重点突破科技成果转移转化的制度障碍，保护知识产权，活跃技术交易，提升创业服务能力，优化激励机制，共享创新资源，加速科技成果向现实生产力转化。

（一）建立完善知识产权运用和快速协同保护体系，扩大知识产权快速授权、确权、维权覆盖面，加快推进快速保护由单一产业领域向多领域扩展。搭建集专利快速审查、快速确权、快速维权等于一体，审查确权、行政执法、维权援助、仲裁调解、司法衔接相联动的知识产权保护中心。探索建立海外知识产权维权援助机制。发挥国家知识产权运营公共服务平台枢纽作用，加快建设国家知识产权运营服务体系。（国家知识产权局牵头负责）

（二）推动科技成果、专利等无形资产价值市场化，促进知识产权、基金、证券、保险等新型服务模式创新发展，依法发挥资产评估的功能作用，简化资产评估备案程序，实现协议定价和挂牌、拍卖定价。促进科技成果、专利在企业的推广应用。（国家知识产权局、财政部、科技部、中国科协等单位按职责分工负责）

（三）探索在战略性新兴产业相关领域率先建立利用财政资金形成的科技成果限时转化制度。财政资金支持形成的科技成果，除涉及国防、国家安全、国家利益、重大社会公共利益外，在合理期限内未能转化的，可由国家依法强制许可实施转化。（科技部、财政部、国家发展改革委等部门按职责分工负责）

（四）引导众创空间向专业化、精细化方向升级，支持龙头骨干企业、高校、科研院所围绕优势细分领域建设平台型众创空间。探索将创投孵化器等新型孵化器纳入科技企业孵化器管理服务体系，并享受相应扶持政策。（科技部牵头负责）

（五）推动科研院所落实国家科技成果转化法律法规和政策，强化激励导向，提高科研院所成果转化效率。坚持试点先行，进一步扩大科研院所自主权，激发科研院所和科技人员创新创业积极性。（科技部、人力资源社会保障部等部门按职责分工负责）

（六）促进仪器设备开放共享，探索仪器设备所有权和经营权分离机制，对于财政资金购置的仪器设备，探索引入专业服务机构进行社会化服务等多种方式。（科技部牵头负责）

（七）实施科研院所创新创业共享行动，鼓励科研院所发挥自身优势，进一步提高科技成果转化能力和创新创业能力，进一步开放现有科研设施和资源，推动科技成果在全社会范围实现共享和转化。（国家发展改革委、中科院、科技部等单位按职责分工负责）

三、拓展企业融资渠道

不断完善金融财税政策，创新金融产品，扩大信贷支持，发展创业投资，优化投入方式，推动破解创新创业企业融资难题。

（八）在有效防控风险的前提下，合理赋予大型银行县支行信贷业务权限。支持地方性法人银行在符合条件的情况下在基层区域增设小微支行、社区支行，提供普惠金融服务。支持商业银行改造小微企业信贷流程和信用评价模型，提高审批效率。（银监会牵头负责）

（九）完善债权、股权等融资服务机制，为科技型中小企业提供覆盖全生命周期的投融资服务。稳妥推进投贷联动试点工作。推广专利权质押等知识产权融资模式，鼓励保险公司为科技型中小企业知识产权融资提供保证保险服务，对符合条件的由地方各级人民政府提供风险补偿或保费补贴。持续优化科技型中小企业直接融资机制，稳步扩大创新创业公司债券试点规模。支持政府性融资担保机构为科技型中小企业发债提供担保。鼓励地方各级人民政府建立政银担、政银保等不同类型的风险补偿机制。（银监会、人民银行、保监会、财政部、科技部、国家知识产权局、证监会等部门按职责分工负责）

（十）改革财政资金、国有资本参与创业投资的投入、管理与退出标准和规则，建立完善与其特点相适应的绩效评价体系。依法依规豁免国有创业投资机构和国有创业投资引导基金国有股转持义务。（财政部、国务院国资委等部门按职责分工负责）

（十一）适时推广创业投资企业和天使投资个人有关税收试点政策，引导社会资本参与创业投资。推动创业投资企业、创业投资管理企业及其从业人员在第三方征信机构完善信用记录，实现创业投资领域信用记录全

覆盖。（财政部、税务总局、国家发展改革委等部门按职责分工负责）

（十二）推动国家新兴产业创业投资引导基金、国家中小企业发展基金、国家科技成果转化引导基金设立一批创业投资子基金。引导和规范地方各级人民政府设立创业投资引导基金，建立完善对引导基金的运行监管机制、财政资金的绩效考核机制和基金管理机构的信用信息评价机制。（国家发展改革委、财政部、工业和信息化部等部门按职责分工负责）

（十三）健全完善创新券、创业券的管理制度和运行机制，在全面创新改革试验区域探索建立创新券、创业券跨区域互通互认机制。（科技部、国家发展改革委等部门按职责分工负责）

四、促进实体经济转型升级

深入实施"互联网+"、"中国制造2025"、军民融合发展、新一代人工智能等重大举措，着力加强创新创业平台建设，培育新兴业态，发展分享经济，以新技术、新业态、新模式改造传统产业，增强核心竞争力，实现新兴产业与传统产业协同发展。

（十四）加强基础研究，提升原始创新能力。改革和创新科研管理、投入和经费使用方式。高校和科研院所要鼓励科研人员与创业者开展合作和互动交流，建立集群思、汇众智、解难题的众创空间。面向企业和社会创新的难点，凝练和解决科学问题，举办各种形式的创新挑战赛，通过众包共议方式，提高创新效率和水平。（科技部、财政部等部门按职责分工负责）

（十五）在战略性领域布局建设若干产业创新中心，整合利用现有创新资源形成充满活力的创新网络。依托企业、联合高校和科研院所，建设符合发展需求的制造业创新中心，开展关键共性重大技术研究和产业化应用示范。推动建立一批军民结合、产学研一体的科技协同创新平台。（国家发展改革委、工业和信息化部、科技部、教育部等部门按职责分工负责）

（十六）实施企业创新创业协同行动。支持大型企业开放供应链资源和市场渠道，推动开展内部创新创业，带动产业链上下游发展，促进大中小微企业融通发展。（国家发展改革委、工业和信息化部、国务院国资委、全国工商联等单位按职责分工负责）

（十七）鼓励大型企业全面推进"双创"工作，建设"双创"服务平台与网络，开展各类"双创"活动，推广各类大型企业"双创"典型经验，促进跨界融合和成果转化。（国家发展改革委、工业和信息化部、国务院国资委、全国工商联等单位按职责分工负责）

（十八）促进分享经济发展，合理引导预期，创新监管模式，推动构建适应分享经济发展的包容审慎监管机制和社会多方协同治理机制，完善新就业形态、消费者权益、社会保障、信用体系建设、风险控制等方面的政策法规，研究完善适应分享经济特点的税收征管措施，研究建立平台企业履职尽责与依法获得责任豁免的联动机制。（国家发展改革委、人力资源社会保障部、人民银行、工商总局、税务总局、中央网信办等单位按职责分工负责）

（十九）发布促进数字经济发展战略纲要，强化系统性设计，打破制约数字生产力发展的制度障碍，推进市场化的生产资料分享，提升市场配置资源效率，加速数字化转型，引领和适应数字经济发展。发起"一带一路"数字经济国际合作倡议，促进"一带一路"沿线国家数字经济交流与合作。（国家发展改革委、中央网信办等单位按职责分工负责）

（二十）进一步完善新产业新业态新模式统计分类，充分利用大数据等现代信息技术手段，研究制定"双创"发展统计指标体系，科学、准确、

及时反映经济结构优化升级的新进展。（国家统计局牵头负责）

（二十一）加快研究制定工业互联网安全技术标准，建设工业互联网网络安全监测平台和中小企业网络安全公共服务平台，强化工业互联网安全保障支撑能力。（工业和信息化部牵头负责）

（二十二）积极落实支持大众创业、万众创新的用地政策，加大新供用地保障力度，鼓励盘活利用现有用地，引导新产业集聚发展，完善新产业用地监管制度。（国土资源部牵头负责）

（二十三）研究制定促进首台（套）重大技术装备示范应用的意见，建立健全首台(套)重大技术装备研发、检测评定、示范应用体系，完善财政、金融、保险等支持政策，明确相关招标采购要求，建立示范应用激励和保障机制，营造良好的政策和市场环境。（国家发展改革委牵头负责）

（二十四）充分利用产业投资基金支持先进制造业发展。实施新一轮技术改造升级重大工程，支持关键领域和瓶颈环节技术改造。（国家发展改革委、工业和信息化部、财政部等部门按职责分工负责）

五、完善人才流动激励机制

充分激发人才创新创业活力，改革分配机制，引进国际高层次人才，促进人才合理流动，健全保障体系，加快形成规模宏大、结构合理、素质优良的创新创业人才队伍。

（二十五）制定人才签证实施细则，明确外国人申请和取得人才签证的标准条件和办理程序；全面实施外国人来华工作许可制度，简化外国高层次人才办理工作许可证和居留证件的程序。开展外国高层次人才服务"一卡通"试点，建立安居保障、子女入学和医疗保健服务通道。进一步完善外国人才由工作居留向永久居留转换机制，实现工作许可、签证和居留有

机衔接。（国家外专局、公安部、外交部、人力资源社会保障部等部门按职责分工负责）

（二十六）允许外国留学生凭高校毕业证书、创业计划申请加注"创业"的私人事务类居留许可。外国人依法申请注册成为企业的，可凭创办企业注册证明等材料向有关部门申请工作许可和工作类居留许可。（公安部、人力资源社会保障部、国家外专局等部门按职责分工负责）

（二十七）实施留学人员回国创新创业启动支持计划，吸引更多高素质留学人才回国创新创业。继续推进两岸青年创新创业基地建设，推动内地与港澳地区开展创新创业交流合作。深入开展"万侨创新行动"，支持建设华侨华人创新创业基地，探索建立华侨华人创新创业综合服务体系，为华侨华人高层次专业人才和企业家出入境、停居留以及申办外国人永久居留身份证件提供便利。推动来内地创业的港澳同胞、回国（来华）创业的华侨华人享受当地城镇居民同等待遇的社会公共服务。继续推进海外人才离岸创新创业基地建设。（人力资源社会保障部、外交部、公安部、国务院港澳办、国务院台办、国务院侨办、中国科协等单位按职责分工负责）

（二十八）完善高校和科研院所绩效考核办法，在核定的绩效工资总量内高校和科研院所可自主分配。事业单位引进高层次人员和招聘急需紧缺人才，可简化招录程序，没有岗位空缺的可申请设置特设岗位，并按相关规定办理人事关系，确定岗位薪资。（人力资源社会保障部、教育部、科技部等部门按职责分工负责）

（二十九）实施社团创新创业融合行动，搭建创新创业资源对接平台，推介一批创新创业典型人物和案例，推动创新精神、企业家精神和工匠精神融合，进一步引导和推动各类科技人员投身创新创业大潮。（国家发展改革委、中国科协等单位按职责分工负责）

（三十）加快将现有支持"双创"相关财政政策措施向返乡下乡人员创新创业拓展，将符合条件的返乡下乡人员创新创业项目纳入强农惠农富农政策范围。探索实施农村承包土地经营权以及农业设施、农机具抵押贷款试点。允许返乡下乡人员依法使用集体建设用地开展创新创业。返乡农民工可在创业地参加各项社会保险。鼓励有条件的地方将返乡农民工纳入住房公积金缴存范围，按规定将其子女纳入城镇（城乡）居民基本医疗保险参保范围。地方人民政府要建立协调推动机制，有条件的县级人民政府应设立"绿色通道"，为返乡下乡人员创新创业提供便利服务。（农业部、人力资源社会保障部、国土资源部等部门和有关地方人民政府按职责分工负责）

（三十一）各地区可根据实际需要制定灵活的引才引智政策，采取不改变人才的户籍、人事关系等方式，以用为本，发挥实效，解决关键领域高素质人才稀缺等问题。（各地方人民政府负责）

六、创新政府管理方式

持续深化"放管服"改革，加大普惠性政策支持力度，改善营商环境，放宽市场准入，推进试点示范，加强文化建设，推动形成政府、企业、社会良性互动的创新创业生态。

（三十二）出台公平竞争审查实施细则，进一步健全审查机制，明确审查程序，强化审查责任，推动全面实施公平竞争审查制度，为创新创业营造统一开放、竞争有序的市场环境。（国家发展改革委、财政部、商务部、工商总局等部门按职责分工负责）

（三十三）推进"多证合一"登记制度改革，将涉企登记、备案等有关事项和各类证照进一步整合到营业执照上。对内外资企业，在支持政策上一视同仁，推动实施一个窗口登记注册和限时办结。推动取消企业名称预先核准，推广自主申报。全面实施企业简易注销登记改革，实现市场主体退出便利化。建设全国统一的电子营业执照管理系统，推进无介质电子营业执照建设和应用。（工商总局牵头负责）

（三十四）加大事中事后监管力度，实现"双随机、一公开"监管全覆盖，开展跨部门"双随机"联合检查，提高监管效能。健全跨部门、跨地区执法协作机制，推进市场监管领域综合执法改革。（工商总局、中央编办、国务院法制办等单位按职责分工负责）

（三十五）在有条件的基层政府设立专业化的行政审批机构，实行审批职责、审批事项、审批环节"三个全集中"。（各地方人民政府、有关部门按职责分工负责）

（三十六）适时适当放宽教育等行业互联网准入条件，降低创新创业门槛，加强新兴业态领域事中事后监管。（教育部牵头负责）

（三十七）推进跨省经营企业部分涉税事项全国通办。推进银行卡受理终端、网上银行、手机银行等多元化缴税方式。加强国税、地税联合办税。建立健全市、县两级银税合作工作机制，加大基层银税合作力度，逐步扩大税务、银行信用信息共享内容。探索通过建立电子平台或在银税双方系统中互设接口等方式，实现银税信息"线上"互动。（税务总局牵头负责）

（三十八）积极有序推进试点示范，加快建设全国双创示范基地，推进小微企业创业创新基地城市示范，整合创建一批农村创新创业示范基地。推广全面创新改革试验经验。研究新设一批国家自主创新示范区、高新区，深化国家自主创新示范区政策试点。（国家发展改革委、科技部、财政部、工业和信息化部、农业部等部门按职责分工负责）

（三十九）办好全国"双创"活动周，营造创新创业良好氛围。组织实施好"创响中国"系列活动，开展创业投资企业、院士专家、新闻媒体地方行。高质量办好创新创业赛事，推动创新创业理念更加深入人心。（国家发展改革委、中国科协等单位按职责分工负责）

各地区、各部门要认真落实本意见的各项要求，进一步细化政策措施，切实履职尽责，密切配合，勇于探索，主动作为，及时总结经验，加强监督检查，确保各项政策落到实处，推进大众创业、万众创新深入发展，为全面实施创新驱动发展战略、培育壮大新动能、改造提升传统动能和促进我国经济保持中高速增长、迈向中高端水平提供强劲支撑。

国务院

2017 年 7 月 21 日

附件二　相关研究报告

创新创业环境下的众筹发展情况分析

徐示波　张　琳　陈　伟

（科学技术部火炬高技术产业开发中心，北京 100045）

摘　要： 随着互联网金融的快速发展，网络融资已经成为中小企业创新项目融资的新渠道。众筹作为新兴的网络融资模式迅速发展，在推动"大众创业、万众创新"、加快新旧动能转换的进程中发挥了重要作用。本文中调查了 19 个省（市）的千余家"四众"平台，分析了众筹的发展现状，指出了目前众筹存在的主要问题，提出了提升众筹在科技领域作用的政策框架。

关键词： 众筹；科技；创新创业；互联网金融；现状分析

当前，中国经济发展正处在新旧动能转换的关键时期，面对制造业"去产能化"、房地产"去泡沫化"、金融体系"去杠杆化"、环境"去污染化"带来的经济增速放缓，必须加快实施创新发展战略，让创新成果变为产业活动，发展新产业、培育新动能，加速中国经济结构转型升级。为此，

第一作者简介：徐示波（男，1984 年），工学硕士、工程师，主要研究方向为创新政策和科技金融研究。

2016 年 3 月，李克强总理在《政府工作报告》中提出"打造众创、众包、众扶、众筹平台，构建大中小企业、高校、科研机构、创客多方协同的新型创业创新机制。"本文调研小组调研了全国 19 个省（市）的"四众"平台，共收取调查问卷千余份，实地考察各类创新创业平台 30 多家，本文重点聚焦目前"四众"平台中的众筹情况，对如何推动众筹更好地服务科技创新创业进行了思考。

1. 时代的变革带来众筹

众筹的核心是通过互联网技术低成本地将分散化的资源和大众化的资源高度融合，实现高效的资源整合。众筹成为继股份制之后人类社会发展的新的生产组织形式，主要是基于时代的召唤：一是融资需求。对于风险较大的初创企业而言，融资问题最为关键。一方面，由于缺乏交易记录和抵押资产，很难获得银行贷款；另一方面，初创企业信用等级偏低、缺乏有效担保且初期需要资金较少，因此获取风险投资的概率也较小[1]。因此，众筹使得小额分散融资在实际操作层面和经济层面上成为可能，带来了金融行业新的突破，这使得类似天使汇的这种新兴业态闯入者大量出现，扩大了金融业的组织边界。二是互联网金融。基于信息对称的互联网金融模式打破了金融业的高门槛，众筹模式提供了有别于传统金融渠道之外的投资方式选择。众筹构建了新型多边平台组织，平台权责清晰，能够动态、开放地甄别信息，筛选项目，满足民众投资趋向需求和投资从众的心理需求，符合中国式圈子关系，吸引、聚集、撮合了众多分散的小规模投资，大大拓展了交易的可能性边界[2]。三是区块链技术的应用。科技型中小企业融资需求和互联网金融的特点非常吻合，二者的对接面临的最大问题就是信息不对称问题[3]。作为比特币的底层技术，区块链技术在技术层面上具有不可撤销、不可抵赖、不可篡改等属性，在应用层面上具有分布式的公开透明、交易可跟踪等特征[4]。区块链的核心价值是能够建立多中心化信任。简单来说，区块链构建了不可篡改的密码学账本，从而实现真正意义上的去中心化信任。区块链的创新技术优势使它非常适合应用于众筹金融领域，构建新一代众筹金融交易所平台。

2. 众筹平台发展现状

2.1 众筹平台呈现爆发式增长

现代意义上的众筹平台源于 2009 年在美国建立的网站 Kickstarter，中国首家众筹平台点名时间（demohour.com）于 2011 年 7 月正式上线，随后众筹网、追梦网、摩点网、创投网等众筹网站纷纷出现。尽管众筹平台在中国起步时间较晚，但近年来尤其是 2015 年以来，众筹在中国迅速发展，目前国内已经出现了产品众筹、股权众筹、债权众筹和公益众筹等多种类别。众筹平台数量总体增长迅速，截至 2016 年 6 月底，全国共有 334 家众筹平台处于运营状态[5]，而 2014 年平台数量 142 家，2015 年平台数量 283 家。在众筹平台数量快速增长的同时，京东、淘宝、苏宁等电商巨头利用电商优势切入商品众筹领域，一些市场知名度高、有影响力的众筹平台悄然而生。从全国众筹融资份额来看，京东众筹、淘宝众筹、苏宁众筹已经成为众筹行业的"三大巨头"，截至 2017 年 2 月，京东众筹累计支持金额 37 亿元，见表 1。知名众筹平台的并购和整合也促使众筹平台的发展更加理性。

表1　国内三大众筹平台累计众筹项目情况

众筹平台	累计支持金额	单项最高筹集金额	单项最高支持人数
京东众筹	37亿元	1亿元	37万
淘宝众筹	20亿元	3千万	34万
苏宁众筹	13亿元	5千万	82万

注：截至2017年2月（官网动态数据）

本文问卷调查显示，目前参与调研的1020家"四众"平台企业中，拥有众筹业务的共有140家。参与调研的众创平台类型分布如图1所示，有些众筹平台兼营2种以上类型的业务，但可以看出参与调研的绝大多数众筹平台开展的是产品或项目众筹业务，其次是开展股权众筹业务，这两者的占比都达到一半以上。

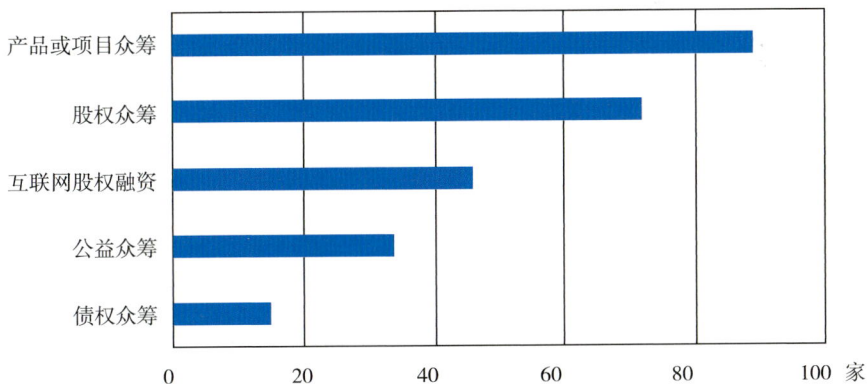

图1　调研众筹平台的类型分布

2.2 众筹平台成为小微企业融资的"轻骑兵"

蚂蚁金服、天使汇、众投邦、聚募等一批众筹平台帮助企业融资的效果明显。问卷调查显示，发布的众筹项目中，有20%成功实现融资，平均每个项目融资额度为 273 万元，相当于传统融资中的天使轮甚至是风险投资轮的融资体量。作者通过调研了解到，平安银行浙江分行 2015 年对微型企业放贷不超过 1 亿元，而聚募众筹平台作为浙江最大的互联网股权融资平台，不到一年时间已为 100 多家小微企业成功融资 1.6 亿元。蚂蚁金服建立基于信用的融贷机制，发布了"蚂蚁生态共赢基金"，通过"互联网 + 金融"方式支持小微企业创业，首期规模达到 10 亿元。2015 年，全国众筹行业共完成融资 114 亿元，比 2014 年增长 429%，其中产品众筹融资金额达 56 亿元，占筹资额的 49%，有效缓解了小微企业融资的燃眉之急。

此外，众筹除了满足小微企业实现创意的资金外，同时也兼具了市场验证和推广功能。众筹者通过资金投票的方式来验证创意是否具有一定的市场需求，如果创意获得认可，不仅能为项目筹措到必要资金，还通过平台社区反馈起到项目推广作用[6]。

2.3 科技领域成为众筹行业的"金字招牌"

当前，中国各大众筹平台已基本覆盖了工艺、娱乐、文化、科技等多个领域项目，但最吸引投资人的当属科技产品众筹，包括智慧交通、虚拟现实、人工智能、电子通信等科技领域。由于科技类众筹项目与创新创业联系紧密，各主要众筹平台中科技类众筹都占据绝对的主导地位[7]。目前，国内三大众筹平台中单项筹集金额最高的产品都是科技类产品，科技类产品众筹项目实际筹款金额前 10 名详见表 2，包括无人机、智能出行车、快充移动电源、手机、指纹锁等，这种时尚科技类项目更能吸引投资者的注意，尤其是智能硬件类项目在刺激投资增加、提高项目的成功率方面作用明显。股权类众筹平台更是与科技创新高度结合，越来越多的股权类众筹平台涉足科技领域，如浙江聚募平台将众筹引入制造业领域，与科研院所开展技术熟化众筹项目，通过众筹促进科技成果资本化和产业化。

表 2　国内科技类产品众筹项目实际筹款金额前 10 名

众筹平台	项目名称	已筹资金（万元）	支持人数
京东众筹	PowerEgg 无人机	10 132	65 251
京东众筹	小牛电动 M1 智能锂电踏板车	8138	96 632
京东众筹	小牛电动智能锂电电动踏板车	7202	114 159
京东众筹	魅族快充移动电源	6220	88 302
苏宁众筹	Citycoco 电动滑板	5107	27 741
苏宁众筹	Benelli 全路况欧式陆巡拉力车	4100	23 218
淘宝众筹	小米旗下一款手机	3559	35 595
淘宝众筹	凯迪仕 K7 推拉式云智能指纹锁	3039	1598
苏宁众筹	NANO 琅龙无人机	3001	33 165
淘宝众筹	HornetS 大黄蜂无人机	2921	147 089

2.4 以众筹为核心形成"技术—资本—产业"创新创业生态

众筹不仅筹资金、筹人脉、筹智力、筹销售，在动态的信息的双向反馈和实时流动机制下，国内众筹平台还监督生产过程、催促寄送产品、协调失败项目等，将生产环节和投资反馈环节紧密联系在一起，使众筹平台兼具金融、孵化、营销，甚至是流程规划管理等多项功能，逐渐形成了以众筹为核心的"技术—资本—产业"生态。例如，淘宝众筹联合创业孵化平台"阿里云"、股权众筹平台"蚂蚁达客"和生产制造商富士康等，为参与众筹的项目或企业提供从研发、规模生产、市场渠道、经营和品牌等各环节的支持，实现从创意到产品及产业化的全链条服务。京东众筹将京东商城、京东智能等资源与众筹项目对接，提供资金、销售、广告等增值服务，对于部分成功项目，采取服务换股权的方式，共享企业发展红利。

3. 存在的主要问题

3.1 对众筹的认识不深入、不到位

众筹在中国起步时间不长，国内尚没有针对众筹出台相关法律，但在发展中出现了很多新模式，如房地产众筹、影视众筹等，然而众筹项目良莠不齐，一些众筹项目"法不禁止即自由"，触碰了非法融资、变相吸收存款而设置资金池等法律明令禁止的红线，特别是"e租宝"等事件，使得众筹平台的非法集资风险成为关注点，导致大家对众筹的理解存在一定偏差，谈"筹"色变。尤其是股权众筹青睐于高技术、高成长、高收益的科技企业，但大众缺乏相应的风险承受和识别能力，不适合作为股权众筹的融资对象。众投邦负责人表示，股权众筹是专业投资人分散风险的一种投资方式，现阶段绝大多数投资者还是专业投资人，普通投资人进入股权众筹领域要谨慎[8]。

3.2 早期高水平技术研发众筹项目较少

从目前众筹网站的盈利模式来看，众筹平台项目成功后收取最终筹集资金的3%～10%作为手续费，如果项目不成功则不收费。陕众筹有关负责人表示，涉及科技类项目的众筹风险太大，他们目前主要做白酒、饮料、食用油等产品众筹，这些项目来钱快、见效快。目前众筹支持的早期高水平技术产品项目很少，多数项目属于生活类、消费类的科技产品，且多选择技术和销路较为成熟的科技产品。因为相比于股权众筹，产品众筹更倾向于选择有一定科技含量、成熟度较高的消费端产品，其目的主要是开展产品的市场推广和消费端测试，如淘宝众筹项目的小米新款手机、暴风科技的虚拟现实眼镜等。

3.3 众筹平台自身缺乏风险控制能力

2015年，最初的众筹平台"点名时间"从专门针对科技型中小企业的众筹融资平台改为智能硬件预售平台，可见众筹融资模式未来的发展仍然变数不断，其融资模式、运作方式需要在不断探索中找到适合自己的路径[9]。很多众筹平台具有互联网信息公司背景，在运用大数据、互联网、云计算等促进众筹方面有优势，但自身缺乏尽职调查能力、风险识别能力和技术判别能力。问卷调查显示，在众筹平台注册用户中，具有专业投资管理经验的占比约为20%。此前，36氪向投资人推荐众筹项目"宏力能源"事件，暴露了众筹平台在规范运作、融资推介、投资人沟通、信息披露方面还存在问题。

3.4 缺乏行业监管制约了众筹健康发展

众筹融资是基于网络的创新型融资模式，中国目前对其没有相应的立法[10]。科技众筹行业的具体操作指导也处于空白状态，这使得众多众筹平台缺乏可供参考的指导性材料，难以建立有效、规范的运行机制[11]。问卷调查显示，60%的众筹平台表示当前影响众筹发展的主要原因是行业法规缺失。众筹项目发起方必须通过网络将自己的项目创意和技术信息公开，这导致众筹产品容易被模仿，项目发起人和众筹平台均缺乏有效的知识产权保护措施，成为众筹行业的痛点之一。众筹平台缺乏对投资者的保护，欺诈行为、承诺兑现难等问题时有发生。股权众筹更是"众愁"，现阶段缺乏行业标准和有效监管，对参与股权众筹的投资者的保护机制缺失，风险系数极高。

4. 相关建议

一是探索"先产品、后股权"的众筹模式。从市场发展看，产品众筹仍是市场主流，而股权众筹在当前政策尚不明朗的情况下，可能会存在非法集资隐患，并存在将高风险转嫁给普通大众的可能性，因此应稳步推进。建议率先在高新区探索产品众筹和股权融资相结合的发展机制，先开展科技产品众筹，对科技产品众筹成功的企业，遴选部分探索开展股权众筹试点，逐步将模式推广开来。

二是开展产业众筹平台试点。推动众筹与产业结合，按照文化创意、智能硬件、新能源汽车等重点产业领域，遴选一批专业能力强、产业资源丰富的高校、科研院所、龙头企业和专业众创空间试点，建设产业众筹平台，整合资源，形成"产业众筹平台＋众创平台"的生态模式，同时引入天使投资、创业投资和商业银行支持，形成市场导向的产业创新生态。

三是推动众筹与创业大赛、创新挑战赛等对接。对接中国创新创业大赛，依托科技众筹平台，对于优胜企业提供产品、销售、融资等服务。推动众筹与众包结合，一方面通过众筹解决创新挑战赛中的资金需求，另一方面通过此种机制设计打消社会资本参与科技成果转化的顾虑，促进挑战赛研发成果尽快实现转移转化，同时解决了科研人员无法脱离原有工作体系来参与管理的难题，能够推进研发转化进一步沿着商业化、市场化的方向进行[12]。

四是研究制定"科技众筹"的政策措施。大量创新技术待价而沽是一个机遇，应将技术创新优势与资金、产能、市场优势结合，研究制定科技众筹平台的标准和规范，出台鼓励科技众筹的指导意见和实施细则。健全科技众筹的知识产权保护机制和法规体系，引导科技众筹平台建立众筹企业信用评价体系，鼓励银行、投资机构、担保机构开发新产品，为众筹企业提供投贷联动、众筹保险金融服务等。推进"大众创业，万众创新"是需要社会各方面协同运作的长期工程，继续完善政府扶持政策、培养国民创业意识、加强产学研一体化、有效引导社会资本、发展多层次创新创业平台，努力探索具有中国特色的创新创业服务模式。

5. 结语

科技型中小企业融资难和促进社会资本合法化是中国现阶段的两大热点问题，众筹作为一种新型的"互联网＋融资"模式，实现了科技型小微企业与民间投资人之间的对接，使得融资更灵活、公开、有效，大大降低了创业初期资金募集的门槛，为解决社会热点问题提供了全新思路，代表着解决企业融资的重要模式。同时，我们发现推动众创、众筹、众包、众扶等新型创新创业机制快速发展的核心是促进众筹的健康发展。近几年，众筹得到蓬勃发展的同时也出现了一些问题，因此鼓励科技产品类众筹快速发展，逐步探索推动股权众筹试点，继续推动众筹成为促进"大众创业、万众创新"的重要支撑，从而促进中国经济转型升级。

参考文献

[1] D Irwin，J M Scott. Barriers faced by SMEs in raising bank finance[J]. International Journal of Entrepreneurial Behaviour & Research，2010，16（3）：245–259.

[2] 戴静，许传华. 众筹融资促科技金融创新发展 [N]. 中国社会科学报，2015–06–10（6）.

[3] 刘俊棋. 互联网金融与科技型中小企业融资研究 [J]. 学术探索，2014（12）：124–131.

[4] 杨东，文诚公. 互联网＋金融＝众筹金融 [M]. 北京：人民出版社，2015：367.

[5] 人创咨询. 中国众筹行业发展报告 2016[R/OL]. [2016–07–22]. http：//www.

zhongchoujia.com/data/17954.html.

[6] 黄玲，尼安木，周科. 创业融资、众筹平台转型与中国智造：以点名时间为例 [J]. 贵州财经大学学报，2016，180（1）：28–38.

[7] 李国鑫，王正沛. 科技类奖励众筹支持者参与动机及参与意愿影响因素研究 [J]. 管理学报，2016，13（4）：580–587.

[8] 方军，林根，张言伟. 中国众筹融资发展展望 [J]. 合作经济与科技，2016（3）：66–68.

[9] 赵颖，蔡俊英. 高科技中小企业众筹融资模式探究 [J]. 科技管理研究，2016（15）：122–127.

[10] 彭宏超. 我国中小企业融资探究：基于众筹融资的视觉 [J]. 西安财经学院学报，2016，29（1）：32–36.

[11] 王富贵，郑秋生. 新常态下我国科技众筹发展对策研究：基于S–D–E框架 [J]. 当代经济，2016（21）：8–10.

[12] 牛燕. 股权众筹与科技成果转化结合机制分析 [J]. 中国市场，2016（7）：75–77.

（载于《全球科技经济瞭望》，2017 第 32 卷第 2 期，第 31–35 页。）

"四众"平台有效支撑"大众创业、万众创新"

近期，科技部实地调研了北京、深圳、杭州、吉林、山西、陕西等地一批众创、众筹、众包、众扶（"四众"）平台运营机构，发放回收调查问卷 1000 多份，并同平台运营者和创业团队进行深入交流。调研显示，"四众"平台发展较为健康，成为"大众创业、万众创新"的重要支撑。

1. 促进"硬科技"成果的快速转化。一批专业化众创空间探索与产业融合发展，加速科技成果转化。如工匠创客汇孵化的机器人在线测试系统、洁具喷釉机器人系统项目，完全由广东工业大学学生自主研发。优客工场的"小觅智能机器人"、轻客智慧电单车，已经实现量产。吉林光电子产业孵化器聚焦激光、光通信、半导体显示、航空航天信息等领域，建成"创业苗圃—孵化器—加速器—产业园"完整链条，目前孵化企业和项目 45 家，2015 年在孵企业实现销售收入 2.2 亿元。

2. 积极服务实体经济和转型升级。一是大企业积极参与"双创"，主动开放自身创新资源，为企业转型升级提供动力。中国航天科工集团搭建航天云网"互联网＋智能制造"平台，为创业者提供研发资源、生产制造和创业资金。二是在制造业领域发挥积极作用。深圳开放创新实验室引进美国微观装配实验平台 FabLab，为创客实践提供智能制造平台。三是积极服务传统产业领域。山东"韩都衣舍"打造互联网服装孵化平台，打通网上设计师、服装上下游企业、电商物流仓储等环节，形成互联网服装电商集群。

3. 服务高校学生创新创业。高校整合闲散资源建立众创平台，面向全体学生开设创业课程，让学生尽早接受创业创新教育和实践。如山东理工大学将废旧锅炉房改造成"大红炉"众创空间，与学校创业学院紧密对接，目前在孵团队和项目 100 个，其中由高校教师带领学生创业的项目接近60%。

4. 提供便捷的科技金融服务。一是众筹平台为中小微企业开展直接股权融资，蚂蚁金服、天使汇、众投邦、聚募等一批众筹平台帮助企业融资效果明显。聚募众筹平台作为浙江省最大的互联网股权融资平台，不到 1 年时间已为 100 多家小微企业成功融资 1.6 亿元。二是众创平台自身设立投资基金，为科技创业领军人才创办企业提供第一笔资金支持。中科创星发起的"西科天使基金"，一期基金共募集 1.3 亿元，投资 54 个项目，带动社会投资超过 5 亿元，已投资孵化近百家高科技企业。

5. 集聚形成创业服务新业态。各地依托众创空间等载体建立众创空间集聚区，汇聚资金、技术、人才等要素，打造综合化创业服务生态，促进了众创空间等平台、投资机构、科研院所、创业团队等良性互动。北京的中关村创业大街已成为全国最著名的众创空间聚集区，积聚创业服务机构45 家，合作投资机构超过 2500 家。

6. 促进资源全国化、全球化流动。中关村新型孵化器在美国硅谷等地设立海外分支机构 22 个，已对美国、韩国、新加坡等外籍团队和项目进行孵化，深度链接全球创新创业资源；同时在全国各地设立分支机构 305 个，辐射带动全国创新创业。太库孵化器在美国硅谷、德国柏林、韩国首尔等多地建立全球孵化器网络，杭州幼发拉底孵化器将美国硅谷、北京等全球创新高地零距离链接，实现了全球创新资源共享和创业人才流动。

7. 形成全社会"共扶"创新创业氛围。各地建立一批资源共享、公益互助的众扶平台，汇聚各方力量共助小微企业和创业者成长，构建创新创业良好环境。中国创新创业大赛采取"政府主导、公益支持、市场机制"的模式，成为覆盖最广泛（除西藏外全国所有地区）的众扶平台。大赛引导了1000多个创投和金融机构参与，目前第5届大赛正在如火如荼进行，前4届大赛共服务6万家创业企业和团队，累计帮助创业团队融资超100亿元。

"四众"平台发展较为快速，对"双创"支撑效果显著。但在发展过程中，"四众"平台也面临一些突出问题，如平台亟待可持续发展模式，82%平台尚未实现盈利；孵化项目科技含量有待提高，"硬科技"类孵化项目偏少；提供科研仪器、知识产权等专业化服务有待加强；缺乏行业监管，缺少自律组织等问题。

应在以下几个方面引导和规范其发展：一是提升平台服务"小企业"创新创业能力。充分引导"四众"平台和市场化机构，在技术、人才、资金等方面，提供精准服务，助力"小企业"快速成长。二是以标准和规范促进平台健康发展。研究制定"四众"平台建设标准和服务规范，通过建设标准和服务规范引导"四众"平台可持续发展。三是规范股权众筹发展，推动发展产品众筹，帮助科技型初创企业实现产品融资，促进科技成果转化和技术创业。四是引导平台提升服务实体经济的能力。采取"平台＋产业"的方式，提高其专业化服务水平。五是将众创空间纳入城市基础设施建设，面向社区提供创客教育、科学普及、投资路演等服务，让创客成为一种生活方式。

（来源：科技部简报）

附件三　调查问卷

众创、众筹、众包平台调查问卷

一、基本信息

1.1 "三众"平台概况（请填写）

平台名称：_____

成立时间：_____年　　　员工人数：_____

运营企业名称：_____

地址：_____

企业法人：_____　　联系人：_____

联系人电话：_____　　Email：_____

1.2 企业性质（请打√）

□国有企业　　　　□民营企业　　　　□事业单位

□非盈利机构　　　□外企　　　　　　□其他

1.3 "三众"平台目前提供哪些服务（可多选，请打√）：

□众创——为小微企业、创业者或开发者提供资金服务、信息资源、

合作渠道、创业指导等创业创新服务。

□众筹——为支持企业或项目发展，通过互联网平台向大众募集

资金的融资方式。

□众包——企业（个人）通过互联网平台，将工作任务和需求外

包给非特定的第三方群体。

1.4 企业"三众"平台享受政府资助、支持、服务情况：

　　□有　　　财政支持：直接补贴_____万元，政府参股_____万元；

　　　　　　　税收优惠：_____万元；

　　　　　　　其他支持：_____

　　□无

1.5 平台目前是否已经实现盈利：　□是　　　□否

1.6 对贵平台，您认为当前所处的监管环境是：

　　□过于严格　　□适当　　□宽松　　□缺失

1.7 对平台的简要介绍，包括商业模式、核心竞争力及典型做法（可附件）

二、众创平台服务情况（有该业务请填写）

2.1 众创空间（孵化器）类别：（请打√）

　　□开放办公交流型　　　　□创业投融资服务型

　　□创业教育培训型　　　　□专业技术领域型

　　□大企业开放创新平台型　□创客服务型

　　□其他

2.2 提供的服务种类：（可多选）

　　□科研仪器　　　□知识产权　　　□技术转移

　　□创业培训　　　□创业导师　　　□投融资

　　□办公场地　　　□沙龙路演　　　□财务法务

□人力资源　　　　□商事代理　　　　□市场开拓　　　　□其他

2.3 核心服务（从上述类别中，按重要性从高到低排序填写3项）：

_____

_____

_____

2.4 收入来源：

□房租物业　　　　□服务收益　　　　□投资收益

□关联方出资　　　□政府资助　　　　□其他

2.5 对上述收入来源排序，并提供最高收入占比：

_____

_____

_____

_____

2.6 常驻在孵企业_____家；

毕业企业_____家；

累计为创业企业实现融资 _____（百万元）；

累计为_____家企业提供开放服务

2.7 您认为贵平台当前面临哪些问题：（可多选）

□运营经费不足

□专业服务能力不够

□盈利模式不清晰

□行业发展不规范

□同质化情况严重

□其他

2.8 您最希望政府在哪些方面进行支持：（选3项）

□运营成本补贴　　□政府参股　　□税收优惠

□政府购买服务　　□科研仪器共享　　□其他

2.9 孵化成功的典型企业（项目）名称（不少于3家）

2.10 对政府的建议（尽量从促进行业健康、规范角度出发）（可附件）

三、众筹平台服务情况（有该业务请填写）

3.1 众筹平台类型（可多选，打√）：

□互联网股权融资　　□股权众筹　　□债权众筹

□产品或项目众筹　　□公益众筹

3.2 众筹平台服务情况：

平台注册机构（人）数_____，其中活跃机构（人）数_____；

累计发布众筹项目数_____，其中成功众筹项目数_____

3.3 互联网股权融资平台（请填写）：

投资机构（人）注册人数_____，其中具有专业投资管理经验的

机构（人）数_____；

累计发布众筹项目数：_____，其中成功融资项目数_____；

累计实现融资金额_____（万元）

3.4 在贵平台上，众筹投资股权主要的退出方式是：

☐下一轮融资　　☐上市和挂牌　　☐股权转让

☐并购退出　　☐其他

3.5 您认为影响贵平台发展的主要问题有：（选 3 项）

☐政策法规缺失　　　　☐缺乏合格投资人

☐项目质量不高　　　　☐网上募集资金难度大

☐投资人收益低　　　　☐股权退出机制不完善

☐平台风险管控难度大　　☐平台盈利困难

☐其他

3.6 对政府的建议（尽量从促进行业健康、规范角度出发）（可附件）

四、众包平台服务情况（有该业务请填写）

4.1 众包平台类型：（请打√）

☐企业自建平台（解决自身需求）

☐第三方平台（解决非特定对象需求）

4.2 众包平台项目的主要类型：

☐创意设计类　　☐技术研发类

☐特定任务类　　☐其他

4.3 众包项目承接方主要是：☐机构（企业）　☐个人

4.4 贵平台的核心竞争力在于：（单选）

☐客户资源丰富　　☐有信用保障　　☐增值服务能力强

☐用户满意度高　　☐其他

4.5 累计发包项目总数_____，成功完成数_____，交易额_____（万元，其中，2015 年平台发包数_____，交易额_____（万元）

4.6 贵平台主要存在哪些问题：（可多选）

☐较难征集到有效需求

☐较难获得承包方对需求的积极响应

☐专业化服务能力不够

☐平台盈利困难

☐交易保障机制不完善

☐其他

4.7 贵平台发包与接包的主要匹配机制是：

☐悬赏制

☐招标制

☐雇佣制

☐计件制

☐其他

4.8 贵平台信用保障机制主要是：

☐信用违约处罚机制

☐平台积分评级制度

☐平台押金制度

☐效果评估制度

☐风险保证金机制

☐其他

4.9 对政府的建议（尽量从促进行业健康、规范角度出发）（可附件）

中国的众创、众筹、众包、众扶平台
——基于创新创业视角的分析研究

附件四

参与调研的"四众"平台名单

平台名称	成立年限
北京市	
厚德创新谷	2012
中关村创业大街	2014
海豚蓝	2015
瀚海 Plug and Play	2015
火凤众创空间	2014
太火鸟科技	2014
中美企业创新中心	2013
蓝筹网	2015
北大创业孵化营	2002
创业谷·光华	2014
中关村互联网教育创新中心	2003
航天科工航天云网中关村创新创业示范基地	2016
创客总部	2013
北京亦庄生物医药园	2010
创业邦 DEMO SPACE	2015
石谷轻文化创业基地	2011
互联网金融实验室	2013
零壹时光	2014

平台名称	成立年限
IC 咖啡	2014
北京虫洞创业之家投资管理有限公司	2014
3W 创新型孵化器	2013
798 众创空间	2015
中关村意谷（北京）科技服务有限公司	2012
科技寺创业空间	2013
普天德胜 C 客空间	2015
MadNet 协同创新空间	2015
北京云基地	2012
中关村梦想实验室	2013
清华 x-lab（清华大学创意创新创业教育平台）	2013
清华经管创业者加速器	2015
师林孵化器	2012
亚杰汇创始人俱乐部	2014
北大创业众筹孵化器	2015
创客空间	2011
36 氪（北京协力筑成金融信息服务股份有限公司）	2011
YOU+ 青年创业社区	2015
常青藤创业园	2011
创业黑马孵化器	2007
金种子创业谷	2013
北京大学创业训练营	2014
北京北服时尚投资管理中心	2012
极地国际创新中心	2013

平台名称	成立年限
卡睿达孵化平台	2016
明日之星创新型孵化器	2014
你好未来	2014
IBI 咖啡	1994
腾讯众创空间（北京）	2015
启迪之星	2001
SuperG 孵化器众创空间	2014
创业公社	2013
星空时间	2015
因果树	2014
联想之星	2008
优客工场	2015
一八九八咖啡馆	2014
微软创投加速器	2012
盛景国际创新孵化器	2015
太库北京	2015
极客公园	2011
天作·IUIA	2015
清华同方众创空间	2013
中航爱创客	2014
北京硬创梦工场科技有限公司	2015
回 + 双创社区轻孵化服务平台	2015
车库咖啡	2011
飞马旅	2014

平台名称	成立年限
洪泰创新空间	2015
安创空间	2015
九州通孵化器	2004
AngelEase（宜天使）	2015
左右逢源创投平台	2015
创投圈	2011
京北众筹	2015
考拉非公开股权融资平台	2015
牛投网	2014
若水众筹	2015
天使汇	2014
天使街	2014
GEEGOGO（北京众筹芯互联网科技服务有限公司）	2015
众投邦	2010
58同城	2005
九一金融	2011
硬蛋	2015
爱鲜蜂	2014
百度创业中心	2013
滴滴	2012
多彩投	2014
JD+开放孵化器	2015
京东东家	2015
京东众筹	2014

平台名称	成立年限
蝌蚪众筹	2014
美菜网	2014
人人贷	2010
云投汇众筹	2015
可信的 IT 云众包平台－解放号	2014
通力平台	2015
文思海辉"大圣众包"平台	2016
369 云工厂	2010
高德开放平台	2002
天津市	
南开大学玑瑛青年创新创业实践基地	2014
天津大学"搭伙"众创空间	2015
天津科技大学 GENSBOX(玑瑛公社) 创新创业服务实践基地	2014
天津工业大学创客空间	2015
天津理工大学众创空间	2015
天津外国语大学玑瑛意谷创新创业实践基地	2015
河北工业大学"工学坊"众创空间	2015
天软·创魔方	2012
南滨 GENSBOX（玑瑛青创新公社）众创空间	2015
海河园众创空间	2015
乐创津成众创空间	2015
凯立达—中德众创空间	2015
青创众创空间（天津）有限公司	2015
现代领航者众创空间（天津现代职业技术学院）	2015

平台名称	成立年限
轻职众创空间（轻工职业技术学院）	2015
弘商众创空间	2015
青艺术众创空间	2015
中航大众创空间	2012
凯立达—天农众创空间	2015
天梦众创空间	2015
天津师范大学创梦广场众创空间	2015
"创想梦工场"众创空间	2015
天津商业大学微渡众创空间	2015
天津财经大学思达众创空间	2015
天体·橙郡众创空间	2015
天津美术学院 GENSBOX 创新创业实践基地	2015
城大众创空间	2015
天津天艺巨星众创空间有限公司	2015
仁爱蜂巢众创空间	2015
天津渤创众创空间	2015
天创梦工厂	2015
南开大学星空众创空间	2015
天津大学北洋园校区"搭伙"众创空间	2015
天医执信众创空间	2015
天津音乐学院"勤坊"众创空间	2015
中北天软创业学院	2015
行知众创空间	2016
天津理工大学中环信息学院众创空间	2015

平台名称	成立年限
滨外·SINO 众寻青年创客训练营	2015
北京科技大学天津学院 GENSBOX 玑瑛创客工厂	2015
医专康健众创空间	2015
电子智慧城众创空间	2015
天工圣纳众创空间	2016
天津国土资源和房屋职业学院玑瑛青创新公社百工众创空间	2015
工美众创空间	2015
"天石众创"众创空间	2015
睿道众创空间	2015
海运·乐享启航众创空间	2016
药苑宜康众创空间	2015
"聚能思源"众创空间	2015
天广众创空间	2015
天津师范大学津沽学院众创空间	2014
创意魔法空间	2015
TjAb 众创空间	2015
津京互联创业咖啡	2013
创想空间	2014
民航科技创业苗圃	2013
瑞普生物智创谷	2015
凯立达创投咖啡	2015
榴莲咖啡众创空间	2015
天津创元众创发展中心	2015
德人环境共创空间	2015

平台名称	成立年限
腾讯众创空间（天津）	2015
ThinkBig 创意空间	2013
高维创业岛	2015
临港科创众创空间	2015
天津市和平睿先锋众创空间	2015
样·和平众创空间	2015
梦工坊众创空间	2014
巷肆·缘创众创空间	2014
天津电气院智能电气众创空间	2015
M3 创空间	2014
手牵手众创空间	2015
DS 创客空间	2015
四六零众创空间	2015
北方创客体验中心	2015
华德福众创空间	2015
3X-e 客空间	2015
意库众创空间	2013
天津东丽青年创新创业学院	2015
馒头咖啡创客空间	2015
蓝海硅谷众创空间	2014
园区直通车	2015
源创空间	2015
凌智空间	2014
学府科创广场	2015

平台名称	成立年限
中日韩文化创意公社	2014
创客工场	2015
星谷创业工场	2015
创 e 空间	2012
天赋前沿众创空间	2015
品格创客坊	2014
易创空间	2014
宝星众创空间	2015
思创（Strong）众创空间	2015
大匠工坊	2015
虫洞众创空间	2015
fish 工坊	2014
WE+ 创客空间	2012
天津市巾帼聚联众创空间	2015
天津市生态农业互联众创空间	2015
华宇众创空间	2015
扑克空间	2015
高分遥感产业园暨众创空间	2016
河北省	
衡水源动力众创空间	2015
互联时空	2015
邢台骏伯众创空间	2015
颐宏众创空间	2014

平台名称	成立年限
辽宁省	
369 云工厂	2015
IUIA-DDA 国际创新中心	2015
创业工坊	2015
创业公社	2015
创业者俱乐部	2015
大连创客空间	2015
大连创业园	1991
大连光洋工控技术创业服务中心有限公司	2004
大连九龙众创空间	2014
大连理工大学国家大学科技园	2000
大连鲁美创意文化产业有限公司（孵化器）	2012
大连市集成电路中小企业公共服务平台	2008
大连市理想光电技术孵化创业中心有限公司	2002
大连市民营科技企业创业中心有限公司	2003
大连市青年创业促进会	2009
东软 SOVO	2011
果米思维	2014
上游汇	2015
盛和塾中山区大学生创业园	2014
同创未来	2015
瓦房店福斯特轴承科技开发有限公司	2008
瓦房店市农业科技孵化平台	2004
新工厂	2015

平台名称	成立年限
研创工社	2012
知你小巢	2014
智城信·创业空间	2015
中兴众创	2015
中以英华国际众创空间	2014
大连云工场科技服务有限公司	2015
上海市	
InnoSpace	2012
慧聚SPACE	2014
镭驰金控企易融	2015
临港枫泾科创小镇创新创业服务平台（临港新业坊）	2015
奇士孵化器	2002
上海互联网＋专业孵化器	2010
上海杨浦科技创业中心	1997
上海张江移动互联网孵化器	2010
时代传媒孵化器	2002
太库·上海	2015
芯家园	2015
张江生物医药创新型孵化器	2015
张江徐汇园科技融资服务平台	2001
上大绿地众创空间–出类创空间	2015
新一代数字技术孵化器	2012
启迪之星	2015
鸣新坊	2013

平台名称	成立年限
张江新能源孵化器	2007
上海设计产业孵化器	2003
上海国家现代服务业软件产业化基地	2014
上海财大科技园创业管理有限公司（孵化器）	2010
江苏省	
"e 帮创"	2015
LOFT 圆梦空间	2015
UP 创业吧孵化器	2015
YES 俱乐部	2015
阿里云创客 +	2016
半杯水创孵园	2015
博济 "智汇谷"	2014
叉叉众筹众创空间	2016
创客诚	2015
创客村落 "Fablab O Suzhou"	2015
创客天使汇	2014
创派社区	2015
创业公会	2014
创驿 + 孵化器	2015
德柏亚众创空间	2015
东特创客汇	2015
飞鸟村孵化器	2016
福地 F-Works	2015
福俊创客家	2015

平台名称	成立年限
猴嘴街道众创空间	2015
淮海工学院大学科技园山海经众创空间	2015
即刻创客	2012
江海创业俱乐部	2016
江苏省工程师创新创业孵化基地	2015
京东·创博会十点十分孵化器	2016
九龙 5G 创业谷	2015
蓝海创意云	2014
连云港市科技创业服务中心众创空间	2014
零点创业空间	2015
敏捷智造孵化器	2015
模具汇众创空间	2014
牛首创意园·牛立方	2015
潘多拉梦工场	2015
盘古孵化器	2015
启迪之星南京众创空间	2015
青麦坊互联网 + 文创空间	2015
三叶草创业吧	2015
思源创业园	2012
苏创客科技孵化器	2015
苏州创客街	2016
苏州科豆汇孵化器	2016
苏州新媒体创客中心	2016
苏州新门户·创客空间	2014

平台名称	成立年限
唐僧创业众创空间	2015
西交大扬州科技园创客营	2015
扬州创谷·创客工场	2015
扬州环保科技园创客"1+1"	2015
扬州金荣科技园创富创新工场	2014
移动工场	2015
易启创	2015
源创工坊	2015
昀汇众创空间	2014
张家港市金丰众创空间	2014
镇江市五洲创客中心	2015
众创营	2015
江南石墨烯研究院	2015
常州市武进科创孵化园管理有限公司	2006
苏州工业园区新国大研究院	2012
蒲公英孵化器	2014
悠创汇	2014
南京支点信息科技有限公司	2015
南京航空航天大学创业孵化中心	2011
U 谷创客	2014
百家汇	2015
I-space 爱创空间	2015
西祠创客胡同	2015
南京实验室创新创业促进中心	2015

平台名称	成立年限
啡咖啡创客空间	2015
数码众创空间	2015
东科优客工场	2015
南京黑马全球路演中心	2013
508 众创空间	2015
互联网 + 创客天地	2015
常州市恒生科技园恒创空间	2015
未来星工场创客巴士	2015
晶 e 空间	2015
江海圆梦谷众创空间	2014
海安功能新材料产业众创空间	2015
都市创客中心	2015
E 创空间	2015
江苏东恒空港产业园众创空间	2012
镇江市丹徒新城众创空间	2015
众创空间	2015
家装驿站众创空间	2015
中瑞 Swirlab 创新空间	2015
e 创动力众创空间	2015
创客方舟	2015
蓝色灯塔	2014
扬中市 CTU 众创空间	2014
泰州顺丰众创空间	2015
歌德创梦空间	2013

平台名称	成立年限
无界创业咖	2015
智谷众创平台	2014
泰州市鼎顺创业投资有限公司	2015
润泰蜂鸟众创空间	2015
梦想花园众创空间	2014
泰州医药高新区医药创业服务中心	2007
启萌沃土	2014
中德 MOBO 众创中心	2014
慧谷创业	2015
千人计划（张家港）集成光电研究院有限公司	2012
张家港市香樟树众创空间服务中心	2015
今园 1 号	2014
金顾山创客汇	2014
源清聚力众创空间	2014
奇点加速连锁咖啡孵化器	2014
创业汇客厅	2014
星创工场	2014
惠创众创空间	2015
三牛众创空间	2015
创客无锡	2015
卓易众创空间	2015
中国创纺 E 站	2015
星火社区	2015
文创坊	2015

平台名称	成立年限
启东淘金创谷	2015
青创 E 站	2015
南通创源创新实验室	2013
玲珑湾创客中心	2011
XLAB 创意创新创业孵化器	2014
南京创客街	2015
南京创新创业湾	2015
中国手游联盟众创空间	2015
南京"环保创客谷"	2015
精工 4.0 创客工场	2015
苏河汇	2015
山大 e 禾南湖梦孵化器	2014
36kr 氪空间苏州	2014
精尚慧孵化器	2014
Gameboy 孵化器	2015
东创空间	2015
苏大天宫孵化器	2010
启点咖啡孵化器	2014
CICI 梦工场孵化器	2014
GBOX 孵化器	2014
慧谷孵化器	2014
创小二孵化器	2014
赛富互联网金融孵化器	2015
西安交通大学汾湖创客空间	2015

平台名称	成立年限
昆山萤火虫众创空间	2015
昆山启迪众创工社	2015
萝卜众创空间	2015
新动力创业梦工场	2015
青武创客空间	2015
江苏骏益科技创业园众创空间	2015
浙里慧创空间	2014
常州工学院资产经营有限公司	2014
天使城	2014
常州生物医药孵化器有限公司	2009
江苏印刷电子众创空间	2015
常州龙琥众创空间	2014
常州华德文化创意有限公司	2014
青创茶吧	2015
常州三晶信息技术孵化器	2006
嘉壹度众创空间	2014
拨云众创空间	2015
多维众创空间	2014
创客咖啡	2015
常州创客邦	2015
常州市新农人众创空间	2015
耿车镇网络创业孵化中心	2015
沭阳县科技创业服务中心	2006
泗洪网络创业产业园	2014

平台名称	成立年限
JD+ 银杏树创客空间	2015
创客邦	2014
云帆移动医疗孵化器	2014
苏州跨界软件科技有限公司	2012
江苏省泰兴高新技术众创集聚区试点基地	2015
火焰咖啡	2015
金融会咖啡	2015
创客家	2015
马洲创客中心	2015
靖江创客工场	2015
淮海创客汇	2015
徐州市永嘉科技园众创空间	2015
徐州高新区大学创业园	2014
贾汪区高新众创园	2014
矿大科技园太阳谷创新驿站	2015
徐州工业职业技术学院 e+ 众创空间	2013
清城创意谷"创业吧"	2014
创艺 985 创客街区	2015
江都创客邦	2016
扬州市左岸右转创业咖啡吧	2012
尚锦汇都创业孵化基地	2015
扬州市创新驿站众创空间	2015
扬州市邗江科技企业上市基地有限公司	2015
扬州大学大学科技园众创梦工场	2015

平台名称	成立年限
西湖创客空间	2015
3C 创客空间	2015
江苏微软创新中心	2014
设计瑰谷创新工坊	2015
江苏信息服务产业基地（扬州）众创空间	2014
中国创谷	2015
文游汇	2014
诚信众创空间	2015
滨海云商聚	2014
盐渎商城众创空间	2015
卯西创客邦	2015
东方创客	2015
智汇园	2015
五星创客	2014
淘淘梦工厂	2010
梦想 BRT 众创空间	2014
万创智联	2015
4U 空间	2014
盐城市同城创客众创空间	2015
翠之源众创空间	2015
摩度众创空间	2012
浙江省	
贝壳社	2014
创梦未来创客服务中心	2015

平台名称	成立年限
创业小二	2015
慈溪智慧谷众创空间	2015
独角兽	2015
恩科科创园	2008
奉化市大学生创业园	2011
复旦大学宁波创客服务中心	2015
海蓝宝众创空间	2015
海螺邦	2015
慧聪电商公园	2015
科强微客平台	1995
利得行	2015
六和桥	2014
楼友会	2014
梦想 4.0 创新工场	2015
宁波春华科创中心	2015
宁波杭州湾同济创客服务中心	2000
宁波经济技术开发区科技创业园	2000
宁波市大学科技园	2003
宁波市天使投资俱乐部	2015
宁波新材料创客中心	2015
宁波新材料众创空间	2015
宁波中科院创客空间	2013
宁波中物光电科技企业孵化器	2008
宁波众创空间	2015

平台名称	成立年限
宁海求是科创中心	2008
宁海县创客空间	2014
乔克兄弟创客空间	2014
数字科技园众创空间	2013
万里笃创	2015
无中生有创业咖啡（鄞州店）	2015
西电筋斗云众创空间	2015
象山县科技创新服务平台	2005
新桥创客空间	2015
鄞州区大学生（青年）创业园 7 号众创空间	2012
鄞州区科技创业服务中心	2006
甬创工社	2008
浙大科技园宁波分园	2001
浙江千人计划余姚产业园管理中心	2013
珍珠汇众创空间	2015
镇海区海创基地	2012
知识产权（专利）众创	2015
宁波保税区科技促进中心有限公司	2016
沃创空间	2014
宁波集物堂众创平台	2015
江北中部创客服务中心	2009
宁波市创新设计众创空间（工业设计孵化中心）	2015
宁波飞马新立方	2015
资本汇	2014

平台名称	成立年限
创盒众创空间	2015
游戏工场	2015
网新立方	2015
君品创咖	2015
高新汇·猿人公社	2015
阿里巴巴无线开放平台	2015
正合科技园	2015
绩优孵化器	2015
罗汉创学院	2014
王道互联网＋孵化器众创空间	2015
宁波市江东科技企业孵化器	2002
安徽省	
"18号氧吧"众创空间	2015
18号聚变场	2013
5F创咖	2014
ROB创客空间	2014
WM众创智慧谷	2014
安徽国际互联网智慧产业园	2015
蚌埠高新技术创业服务中心有限公司闪创空间	2013
蚌埠市农林行业众创空间	2016
国际研发服务外包创新平台	2014
合肥高创集思空间	2015
合肥国家大学科技园3U创客空间	2016
洪泰（中安）创新空间	2016

平台名称	成立年限
怀远县科创空间	2015
梦工厂创业咖啡	2013
上街去众创空间	2015
铜草花开·众创空间	2015
铜陵新能众创空间	2015
现代青年农场主	2012
一方雨前众创空间	2014
亿智创客空间	2014
游艺道众创空间	2014
中航工业合肥爱创客中心	2013
中科大铜陵科技创业园	2001
中科科技创业服务中心	2015
福建省	
"设计 +"众创空间	2014
"思明互联网 + 创新极第"众创空间	2015
"中煌创意工坊"众创空间	2015
103 创客社区	2014
3W 唯你孵化器	2014
Dr.OG COFFEE 众创空间	2015
Young 创客空间	2012
爱特众创	2012
柏臣青年创新工场	2015
冰狗科技众创空间	2015
博智 e 族众创空间	2015

平台名称	成立年限
畅想空间	2014
橙客空间	2015
创共体众创空间（原新华都商学院创业孵化中心）	2013
创客领 SHOW	2010
创业梦工场	2015
春风众创空间	2015
大拇哥众创空间	2014
稻田创业小镇	2014
蕃薯创客	2015
凤凰谷创业咖啡（众创空间）	2015
福鼎市创业创新中心（福鼎市电子商务产业园、福鼎市文化创意产业园）	2015
福建花博汇现代花卉科技创客空间	2015
福建华泰众创空间	2015
福建龙腾新能源汽车专业孵化器	2014
福建省高新技术产权交易所有限公司	2003
福建我想创业互联网孵化器	2015
福建永定互联网产业孵化园	2015
福州大学国家大学科技园	2014
福州大学众创空间	2015
福州外语外贸学院众创空间	2014
观远众创空间	2014
海西创富汇	2014
海峡（连城）光电产业孵化器	2013
弘桥智谷互联网孵化器	2013

平台名称	成立年限
红印山1号众创空间	2010
洪泰原链（厦门）创业孵化器	2016
互联创客众创空间	2015
华云众创	2015
慧火工坊（众创空间）	2015
吉比特星创天地	2013
坚果众创	2012
建瓯省级笋竹高新技术企业孵化器	2014
巾帼众创空间	2015
金沙园科技企业孵化器	2013
金山大道高新技术企业孵化器	2013
锦楠建设众创空间	2015
晋江陆地港众创空间	2015
晋江市创意创业创新科技孵化基地	2013
聚能动力众创空间	2015
聚展众创园	2014
蝌蚪生态空间	2015
灵感文化公社	2012
灵众互联网创客空间	2015
零到壹众创空间	2015
龙山时尚中心、启达·时尚大厦	2012
龙岩旅游创客工场	2016
龙岩市青年众创空间	2014
龙岩市稀土产业科技企业孵化器	2013

平台名称	成立年限
龙岩西城互联网孵化器	2015
咪咕动漫"动漫+"众创空间	2015
闽北职业技术学院众创空间	2015
闽农众创空间	2015
闽清县陶瓷科技孵化器	2012
明食汇（味民公社）	2015
宁德市青年创客空间	2010
皮亚杰青少年创客教育空间	2015
品秀众创	2015
莆田U啡电商创业咖啡馆	2013
莆田高新区创业创新中心	2014
骐俊众创	2016
骑士创客空间	2014
青创时代	2015
泉港石化高新技术孵化基地	2002
泉州鲤城区高新技术创业孵化器	2013
三明市高新技术创业服务中心孵化器	2000
三明市青春启航创新公社	2015
三明市生物技术孵化器	2013
厦大－火炬极客空间	2015
厦门道谷共创科技有限公司	2015
厦门理工大学生创新创业园区	2010
厦门市思明区大学生创业孵化基地	2011
石狮国家高新区创新创业中心	2013

平台名称	成立年限
石狮狮城青年创新创业孵化中心	2014
石狮市海峡两岸科技孵化基地	1998
泰宁县丹霞创客	2015
唐人豆众创空间	2014
特力林创客基地	2015
腾讯众创空间(厦门)基地	2014
天使海湾摄影创客空间	2015
汀州电商物流城互联网创业企业孵化中心	2015
图灵互联网创客空间	2015
万豪空间	2016
沃纯然创客孵化村	2016
武平县"智农青创"众创空间	2016
武夷山互联网+众创空间	2015
武夷学院青年大学生众创空间	2015
虾米空间	2013
仙游县蒂一仙作众创空间	2015
新安古街众创空间	2013
星期 YI 创客空间	2015
兴农谷	2015
一品威客创客空间(一品威客网)	2011
翼展创客空间	2015
优兔创客空间	2015
玉融创客创业服务中心	2015
远山电商众创空间	2015

平台名称	成立年限
悦农庄海峡两岸众创空间	2014
云创工坊	2014
云端创咖 +	2014
云基因培植双创示范基地闽东特产 OAO 示范街众创空间	2014
漳州市高新技术创业孵化基地	2000
漳州市金峰众创园	2015
长汀县电子商务中心	2015
芝麻开门创客汇	2015
知识产权创客家园	2014
至诚紫荆众创空间	2015
智造空间	2016
中国瓷都德化互联网科技产业孵化园	2012
中国科学院海西育成中心	2011
中节能海西（三明）节能环保产业孵化器	2014
中经众创空间	2015
众创指购（漳平）创客空间·互联网孵化基地	2016
竹天下众创空间	2015
佐佑稻禾众创空间	2015
优空间	2013
好聚投（厦门）信息科技有限公司	2014
福建省远盈鸿创科技有限公司	2015
厦门市美亚柏科信息股份有限公司	2015
厦门市龙山文化创意产业有限公司	2013
厦门市小样创业信息科技有限公司	2015

平台名称	成立年限
姚明众创空间（厦门）科技有限公司	2015
厦门晓学堂文化产业有限公司	2015
墨仕（厦门）电子商务有限公司	2014
SM 创意	2015
中博模具产业孵化园	2010
喜果众创空间	2014
"龙腾新创"众创空间	2015
漳州鼓浪众创空间	2015
领 SHOW 天地综合型孵化器	2010
海西电子信息产业育成基地	2009
泉州市高新技术创业服务中心	2006
闽江学院国际青年漆艺家孵化基地	2015
摄影众创空间	2014
创之源众创空间	2014
倒易空间	2016
山东省	
0563 创客街	2014
实时数据库平台	2012
5V 咖啡	2015
AS1956 原创服饰	2016
GIS 众创空间	2015
Hi 创客村落	2015
HP+ 创客中心	2014
JN150 创意设计文化工场	2015

平台名称	成立年限
UP 咖啡＋筑梦工厂	2014
班墨创客空间	2015
北方木都	2015
曹县碧野农业众创空间	2013
昌乐县晨凯电声乐器企业孵化中心众创空间	2015
成创乳山众创空间	2016
创客＋众创空间	2013
创客基因	2015
创梦空间	2015
创新港	2014
创业咖啡	2011
大学生创业园	2007
大宗青年电子商务创业园	2015
德阳科技创新创业孵化园	2015
瞪羚汇众创空间	2013
电子商务平原创客基地	2013
东创空间	2015
东营市胜利大学生创业园	2014
番茄智创空间	2015
肥城创业咖啡厅	2013
凤岐茶社崮云湖创客空间	2015
凤岐茶社潍坊创客空间	2014
高新之星梦工场	2015
共创邦众创空间	2015

平台名称	成立年限
国花汇·众创空间	2015
国家级科技企业孵化器	2008
国商·乐创汇	2015
菏泽富年电商产业园	2015
菏泽跨境电商产业园	2014
菏泽天华众创空间	2015
槐荫区紫藤众创平台（原槐荫区西街工坊众创平台）	2015
黄河口高新技术企业创业园	2001
黄河三角洲创客方舟	2015
汇博创客空间	2016
活力堤口众创空间（堤口路凤岐茶社）	2015
极客空间	2014
济南创客空间科技服务中心	2015
济南国际创新设计产业园·众创空间	2015
济南交通产业创新创业孵化器	2015
济南历下山东财经大学大学生创业园	2014
济南泉讯众创空间	2015
济南市长清区中儒众创空间	2015
济南务崛众创空间	2013
济宁创客中心	2014
济宁嘉诚科技企业孵化器	2015
济宁靠上吧众创空间	2015
济宁市兖州区众创大厦	2015
交大聊城科技园——聊城交大妙展创新工场	2015

平台名称	成立年限
久鼎供销社	2015
巨野县生物工程孵化器	2015
巨野县苏南创业孵化基地	2015
靠上吧众筹空间	2014
快乐一家众创空间	2014
莱山区创业就业服务中心	2014
莱芜高新区创客空间	2015
亮·交通创客空间	2015
临沂高新创客空间	2015
琉璃梦工场众创空间	2015
芦笋圈	2016
罗庄区文创产业园	2015
洛阳"创享+"众创空间	2015
绿地泉创空间	2015
迈沃众创空间	2015
麦禾工场众创空间	2015
梦想谷电子商务产业园	2014
宁津县大学科技创业园	2013
齐鲁高新区创乐堡众创空间	2015
齐鲁工业大学创业学院	2015
启迪之星（潍坊）孵化器众创空间	2014
曲阜靠上吧众创空间	2015
全媒体＋众创空间	2014
泉·创众创空间	2014

平台名称	成立年限
日照高新区创业服务中心	2009
日照经济技术开发区小微企业创业、科技金融服务中心（阳光科创空间）	2011
乳山金谷之园电子商务与网络科技孵化器	2014
山东博科众创基地	2012
山东创业梦工场	2014
山东大学创客空间	2015
山东硅谷众创空间	2015
山东国际科技模具产业园	2014
山东联荷凤凰山众创空间	2014
山东卤慧谷科技创业服务中心	2013
山东省鲁南药物研究院生物医药公共服务平台	2015
山东新金融产业园众创空间	2016
山东星源先进制造产业众创空间	2008
山东中医药大学大学生创业孵化基地（慧中医众创空间）	2015
深泉问道创客空间	2015
寿光圣思园种业科技发展中心	2013
寿光市软件园	2009
泰安高新技术创业服务中心"泰山创客空间"	2015
泰山创业梦工场	2015
唐村梦想小镇众创空间	2015
滕州科创园	2015
天津大学山东研究院众创空间	2012
天桥区鑫茂众创平台	2015
威远县高新技术创业服务中心	2015

平台名称	成立年限
潍坊创客谷	2015
潍坊燕园创客空间	2015
文友书店阅览室联盟	2013
无机非金属材料公共技术服务平台	2015
新材料和环保众创空间	2015
新能源·光电众创空间	2016
烟台高新区电力电工孵化基地	2014
沂创公社	2016
沂南县剑桥电商服务平台	2004
艺术粮仓众创空间	2015
英特力科技企业孵化器·ITL 众创空间	2015
赢响力众创空间	2015
有成创客空间	2015
鱼台县纳创创业服务有限公司	2016
钰腾四维众创空间	2016
远邦创客空间	2014
云东方	2016
云谷 We+ 创客空间	2015
云思·六度众创平台	2015
枣庄高新区科技创新服务中心	2006
长寿费县区域源网电子商务平台	2015
指云合众创空间	2015
智博众创空间	2014
智创空间	2015

平台名称	成立年限
智汇蓝海互联网品牌孵化基地	2016
智库 @ 创吧	2015
智库众创空间	2015
智造媒体众创空间	2015
中成创业工场	2015
中国石油大学国家大学科技园众创空间	2015
中科云创	2015
中软·创客电子商务孵化基地	2015
中小企业技术创业孵化服务平台	2008
潍坊天恒企业管理有限公司	2015
众创药客	2012
逐鹿电商数据挖掘平台	2014
淄博高新技术产业开发区电子信息产业创新园	2013
淄博高新区精细化工和高分子材料产业创新园	2012
淄博高新区生物医药产业创新园（众创 – 线上虚拟）	2014
淄博高新区生物医药研究院	2014
淄博新材料众创空间	2015
淄川区高新技术创业服务中心	2014
紫岳浩奕众创空间	2015
邹城市创客服务中心	2015
邹城智能矿用装备科技园创业中心	2015
西王集团有限公司	2014
沃农社新农人众创空间	2015
临沂应用科学城众创空间	2015

平台名称	成立年限
聊城市高新技术创业服务中心	2014
奇迹创客	2015
济宁高新文化创意园服务有限公司	2015
烟台艾欧特创业服务有限公司	2016
烟台市莱山区迎春大街 133 号附 1 号	2014
山东慕客空间信息技术有限公司	2015
先进陶瓷产业创新园	2014
"互联网＋"众创空间	2015
济南迪亚众创空间	2015
启点众创空间	2015
凤岐茶社山东大学创客空间	2014
百花智谷创客空间	2015
定陶科技创客基地	2015
惠和益农众创空间	2016
服装产业电子商务公众服务平台	2014
微山县创达科技企业孵化器	2008
临沂商城跨境电商创业园	2015
河南省	
UFO 众创空间	2015
安阳高新技术创业服务中心	1994
河南省大学科技园发展有限公司	2003
河南省新乡高新技术创业服务中心	1996
河南众诚企业孵化器有限公司	2010
河南专利中心联合服务机构	2004

平台名称	成立年限
黄河科技学院大学孵化器	2012
黄淮学院大学生创新创业园	2012
慧谷咖啡	2012
金源众创空间	2010
开封汴西科技企业孵化产业集聚区窗口服务平台	2015
良库工舍	2014
洛阳国家大学科技园/黑石咖啡众创空间	2011
洛阳恒生众创空间/洛阳恒生科技园科技企业孵化器	2015
漯河高新技术创业服务中心	1995
南阳高新技术创业服务中心	1997
南阳理工学院三融众创空间	2015
平顶山高新技术创业服务中心	1997
濮阳市高新技术创业服务中心	1995
融易众创空间	2015
三门峡高新技术产业开发区高技术创业服务中心	2011
商丘市梁园产业集聚区创业服务中心	2008
碳元素众创空间	2016
新乡高新区火炬园管理办公室	2012
虞城县高新技术创业服务中心	2009
郑州创客空间	2014
郑州高新区大学科技园发展有限公司	2005
郑州金科创客空间	2015
郑州经济技术开发区留学人员管理服务中心	1998
郑州市高新技术创业中心	1998

平台名称	成立年限
中小企业公共服务平台电子商务服务平台	2005
众创空间	2016
逐鹿电商数据挖掘平台	2014
实时数据库平台	2012
洛阳"创享+"众创空间	2015
湖北省	
5.5Space 众创空间	2015
DEMO 咖啡孵化器	2012
EC 创业社	2015
i 创·天地	2015
OVU 创客星	2015
阿里云云服务平台	2015
创客邦	2015
创新创业孵化服务平台 –Egowork 众创空间	2012
创艺社众创空间	2015
电商孵化全产业链外包服务平台	2014
东科创星孵化器	2013
高农生物农业科技企业孵化器	2016
光电谷众创服务平台	2011
光谷创业咖啡	2013
光谷创赢咖啡创新型孵化器	2013
光谷好创业	2015
光谷金融桔子空间	2014
光谷聚合科技企业孵化器	2014

平台名称	成立年限
光谷生物医药科技企业孵化器	2011
汉阳造创意园科技孵化器	2012
湖北青年企业孵化器	2009
湖北武汉国家农业科技园创业中心	2001
华中科技大学启明星空众创空间	2015
华中师范大学科技园众创空间·博雅众创咖啡	2015
慧谷创业空间	2013
火凤众创空间	2014
科创空间	2015
摩索（MSUO）创客服务平台	2014
启明星空创客空间	2015
青山众创空间	2015
天使翼众创空间	2014
同心健康科技企业孵化器	2014
微果青年创业孵化中心	2014
无忧企航众创空间	2015
武大珞珈创意园众创空间	2015
武汉楚创谷	2015
武汉创亿港科技企业孵化器	2013
武汉大学国家大学科技园	2000
武汉岱家山科技创业孵化平台	2008
武汉东南大学创业孵化基地	2015
武汉光电工研院众创空间	2015
武汉光谷创意公共企业服务平台	2012

平台名称	成立年限
武汉光谷海外人才科技企业孵化器	2013
武汉光谷新药创业孵化器	2012
武汉理工大科技园新材料科技企业孵化器	2014
武汉理工大学生创业园	2013
武汉普天科技企业孵化器	2015
武汉去创吧	2013
武汉人才超市优创空间	2015
武汉生物技术科技企业孵化器	2014
武汉数字创意科技企业孵化器	2014
武汉威仕科科技企业孵化器	2011
武汉无忧企航众创空间	2015
武汉小微（科技）企业创业园	2012
武汉欣欣中信科技孵化器	2008
武汉阳光粒子科技孵化器有限公司	2015
武汉兆佳东创科技企业孵化器管理有限公司	2015
武汉左岭新城光电子孵化器	2011
星创客创客空间	2015
嗅钛工坊	2015
杨园科技创业园	2012
悦度空间创新型孵化器	2014
长河筑梦众创空间	2015
中地大科创咖啡、聚创空间	2015
中南民族大学科技企业孵化器	2015
紫牛电商大学生创业特区	2015

平台名称	成立年限
武汉中南民大科技企业孵化器管理有限公司	2015
武汉东创空间孵化服务有限公司	2015
华中师范大学利群众创空间	2014
海容基科技企业孵化器	2011
名企汇大学生创业专区	2012
生物智造众创空间	2015
武汉工程大学大学生创业基地	2013
湖北国知专利创业孵化器众创空间	2016
华中农业大学大学生创业孵化器"悦创空间"	2015
湖南省	
"机会"创空间	2012
Vivonvon 创业咖啡	2015
湖南麓谷众创空间	2014
湘能众创空间	2014
长海创业基地	2006
广东省	
1918 青年创业社区（1918 晨轲青年创业就业孵化基地）	2014
创富港众创空间	2009
创客街	2014
广州大智汇创业服务有限公司	2015
广州极地国际创新中心	2015
广州名高科技企业孵化器有限公司	2016
广州瑞博奥转化医学创新园	2014
华南黑马会	2014

平台名称	成立年限
恺创空间	2014
乐天创意园科技企业孵化器	2014
欧特福创新投资孵化基地	2014
天盈创意园科技企业孵化器园区	2013
头家社区茶创空间	2016
微谷众创社区	2015
文创客众创空间	2014
五山汇 TMT 孵化器	2009
五山汇 TMT 孵化器暨南分店	2009
新燕 BIM 众创空间	2011
自燃人社区（广州 CBD 高德置地 G 座分店）	2013
自燃人社区（广州 CBD 高德置地 H 座分店）	2015
自燃人社区（广州 CBD 雅居乐中心分店）	2014
广州市未名咖啡馆有限公司	2014
重庆市	
工创空间	2014
贵州智源·众创空间	2015
国家级（两江）广告产业园·众创汇	2015
合川"三江智汇"众创空间	2016
恒易众创空间	2015
汇智润渝教育众创空间	2016
机电梦工场众创空间	2015
巾帼创业众创空间	2015
金田创业众创空间	2015

平台名称	成立年限
菁创海派众创空间	2015
巨邦众创空间	2015
聚峰·小微创客空间	2015
康梦圆众创空间	2015
乐研派众创空间	2015
两江锦源众创空间	2015
绿叶众创空间	2015
美博·小微众创空间	2015
南川 1+1>2 众创空间	2015
品鉴硅谷园·重庆	2015
启智众创空间	2014
荣昌区荣联电商众创空间	2015
三峡创客驿站	2015
三峡田缘众创空间	2015
沙坪坝新伯乐众创工场	2015
十八行创新工场	2015
石子山青年创业社区	2015
市中医院撷翠众创空间	2015
谭妹子辣椒众创空间	2015
天涯易创	2015
通达生态旅游众创空间	2016
万州区汇杰创客工场	2015
网联英客众创空间	2015
微型企业众创空间	2015

平台名称	成立年限
维安创客空间	2016
沃优众创空间	2015
西部食谷众创空间	2015
新天地众创空间	2013
易物通慧创空间	2015
酉阳桃花源众创空间	2015
元素 E 家众创空间	2015
圆梦园	2015
云创空间	2015
云阳启迪众创空间	2015
智慧·创梦工场	2015
智云众创空间	2015
忠鑫电子商务创业空间	2015
重电众创 e 家、重电"焕智"机器人创客创新基地	2015
重理工九龙科创空间	2014
重庆大学科技园科慧众创空间	2015
重庆感知科技众创空间	2015
重庆高技术创业中心	1988
重庆工商数网众创空间	2015
重庆科创职业学院创新创业科技园	2015
重庆七彩生物众创空间	2015
重庆侨东美健康产业众创空间	2015
重庆赛伯乐众创空间	2014
重庆三峡医药高等专科学校"神农益创"	2015

平台名称	成立年限
重庆市北碚国家大学科技园"易空间"	2014
重庆市涪陵区新车间众创空间	2015
重庆市源体医药众创空间	2015
重庆市长寿工业科技孵化园	2010
重庆万源科技企业孵化器	2009
重庆五里店工业设计中心	2008
重庆小咖众创空间	2015
重庆医药高等专科学校生物医药众创空间	2014
重庆邮电大学学生创新创业中心（e You Space，e 邮空间）	2014
重庆众创齐达创客空间	2015
猪八戒网文化创意众创空间	2014
筑梦·众创空间	2015
重庆万源机械化有限公司	2009
重庆市萍萌农业开发有限公司	2014
四川省	
成都 3W 空间	2015
成都东创科技园投资有限公司	2007
成都府河电气孵化器	2003
成都高新技术产业开发区技术创新服务中心	1996
成都海峡教育科技产业开发有限公司	2005
成都经开科技创业服务中心	2010
成都普森教育咨询有限公司	2014
成都青羊创智企业孵化器有限公司	2010
成都青羊工业投资孵化器有限公司	2005

平台名称	成立年限
成都市广告创意产业运营管理有限公司孵化器	2012
成都文创投资发展有限公司	2007
成都武侯高新技术创业服务中心	1998
创梦空间	2015
德阳广汉高新区创新创业服务中心	2007
电子科大西区科技园	2004
电子科技大学电子信息产业孵化器	1994
广元市经开区科技企业孵化器（原广元市科技创业服务中心）	2009
广元市利州区创业孵化园创业服务中心	2012
国家高新技术创业服务中心	2006
国家级孵化器	1989
酷狗音乐孵化器	2015
蓝色蜂巢创业咖啡	2015
乐山高新技术产业开发区创业服务中心	2003
邻渝科技孵化器	2014
隆昌科技企业孵化器	2013
泸州高新区孵化器	2013
泸州化工园区创新创业服务中心孵化器	2015
泸州酒业集中发展区科技孵化器	2009
眉山市三人行创业服务有限公司	2015
绵阳高新区创业服务中心	1998
绵阳高新区生物医药孵化器	2003
绵阳市安州区创业服务中心	2014
绵阳市科技城科教创业园区创业服务中心	2001

平台名称	成立年限
绵阳西南科技大学国家大学科技园有限公司	2008
绵阳燕景堂科技孵化器	2014
内江高新区高新技术创业服务中心	2014
内江市高新技术创业服务中心	2013
蓉创客系列众创空间	2016
三台县科技型中小企业孵化中心	2014
三台县青年创新创业孵化基地	2015
四川川大科技园发展有限公司	2011
四川大科星智能交通有限公司（省级孵化器）	2006
四川省计算机研究院	2006
四川省名禹孵化器	2012
四川天鑫科技有限公司	2013
四川资中科技企业孵化器	2015
四汇科技孵化园	2008
遂宁经济技术开发区创新创业孵化中心	2015
遂宁市现代物流产业孵化器	2011
天府软件园创业场	2007
天府生命科技园	2010
西航港科技企业孵化中心	2012
西南交大国家大学科技园众创空间	2003
宜宾市南溪区罗龙工业集中区中小企业科技孵化中心	2007
游戏汇	2015
游仙孵化中心	2014
中国（绵阳）科技城软件产业园	2013

平台名称	成立年限
中国科技城军民融合孵化器	2013
中江县丰泰科技企业孵化器	2014
中物院科技孵化基地	2009
四川射洪西合园科技企业孵化管理有限公司众创平台	2015
自贡市高新技术创业服务中心	2004
绵阳聚星科技企业孵化管理有限公司	2014
绵阳市经开区积家工业园投资有限公司	2011
攀枝花钒钛科技孵化器有限公司	2010
四川西部药谷孵化器管理有限公司	2015
四川远能达物流有限公司	2014
成都国信安信息产业基地有限公司	2002
成都市天府新区科技创新服务中心	2014
贵州省	
安青创业社	2015
安顺蚂蚁众创空间	2015
北斗众创空间	2015
毕节市海峰众创空间	2015
创想＋联合工坊	2015
创想＋梦工场	2015
贵安新区高端智造众创空间	2015
贵阳博雅众创空间	2015
贵阳火炬青年创业互助社区	2015
贵阳新三线众创空间	2014
贵州师范大学思雅众创空间	2015

平台名称	成立年限
贵州西部 T3 创客空间	2015
贵州智邦众创空间	2015
互联智造众创空间	2015
汇融众创空间	2015
吉源创客大咖众创空间	2015
健康智造众创空间	2015
黎阳高新区黔中创客小镇	2012
联合智造	2015
黔粹传人工作室	2015
黔青梦工场	2015
群投网	2012
源动力众创空间	2015
云客咖啡	2015
遵科众创空间	2015
贵州智源·众创空间	2015
陕西省	
i'dear 众创空间	2014
创途在 XIAN	2014
大唐电信移动互联（西安）孵化基地	2015
非凡士 3D 打印公共服务平台	2015
光电梦工厂	2015
海荣众创空间	2010
华春众创工场	2016
绘锦园众创空间	2015

平台名称	成立年限
境象天使智慧空间	2015
聚筹创投众创空间	2015
力厚虚拟校园文化创意众创空间	2014
泥巴创客空间	2013
企加网众创空间	2014
人人创孵化平台	2015
闪电孵化器	2013
陕科大产品设计众创空间	2015
陕西乾海咖啡创业服务平台	2015
陕西中海惠泽大学生创业孵化中心	2014
陕众筹（陕西众筹）	2014
思禾商务众创空间服务平台	2013
蒜泥创客空间	2013
渭南师范学院创客空间	2015
西安半坡国际艺术区 A01 空间	2015
西安大普众创工坊	2015
西安电子科技大学众创空间	2014
西安航空创业实验室	2013
西安航天基地服务外包产业园暨西安北航科技园	2008
西安交通大学科技园"沸点 E 站"众创空间	2014
西安交通大学"七楼创客汇"	2014
西安科耐特创业孵化基地	2014
西安曲禾文化教育产业孵化平台	2015
西安软件园移动梦工场	2014

平台名称	成立年限
西安思坦福创业孵化中心	2015
西安铁狮·众创空间创业孵化基地	2013
西北农林科技大学"青农创"大学生创业园	2014
西京学院创新创业基地	2015
优客工场西安万科城社区	2015
优思创新工坊	2015
鱼化龙创客空间	2015
指尖新空间	2013
智巢·创新空间	2011
智空间创新孵化社区	2015
中科创星孵化器（众创空间）	2013
西安交通大学科技园有限责任公司	2005
西安力厚信息技术研究院有限公司	2014
西安新丝路国际电子商务产业园有限公司	2015
西安美刻信息科技有限公司	2013
深圳市	
FTIA 时尚科技加速器	2015
UniMaker 创客联盟	2013
海峡两岸青年创业基地	2015
品牌与产品设计服务	2015
珊瑚群创新加速器	2015
深圳开放创新实验室	2015
深圳湾	2015
深圳湾创业广场	2013

平台名称	成立年限
微漾国际创客空间	2014
微游汇孵化器（深圳）	2014
源创力孵化器	2015
中芬设计园	2012
众投邦	2010
四方网盈创业港湾	2012

附件五

"四众"平台大事记

1. 第一家科技企业孵化器诞生

1987 年 6 月，中国第一家科技企业孵化器——武汉东湖新技术创业服务中心在武汉诞生。

2. 第一家留学人员创业园成立

1994 年 9 月，中国第一家留学人员创业园——南京金陵留学人员创业园成立。

3. 国内第一家众包平台出现

2006 年，原《重庆晚报》首席记者朱明跃创办猪八戒网，成为国内最早的众包服务平台，服务交易品类涵盖创意设计、网站建设、网络营销、文案策划、生活服务等。

4. 国内第一家创客空间出现

2010 年，深圳出现的"柴火创客空间"，是国内"众创空间"的概念源头，最早的一批众创空间。

5. 国内第一家众筹平台上线

国内首家众筹平台"点名时间"于 2011 年正式上线，这是一家以众筹为核心，在平台上人们可以发起和支持各种创意项目。

6. 中国创新创业大赛启动

2012 年 7 月，科技部、教育部、财政部和全国工商联共同指导，共青团中央、致公党中央和国家外国专家局支持，科技部火炬中心整合地方大赛，发挥孵化器组织作用，举办 2012（首届）中国创新创业大赛。

7. 众创空间纳入孵化器管理体系

2013 年 12 月，科技部火炬中心向中关村管委会复函，同意将创新工场等 17 家创新型孵化器纳入国家级科技企业孵化器的管理体系及相关科技计划项目的支持范围。

8. 李克强总理考察深圳柴火创客空间

2015 年 1 月 4 日，李克强总理在深圳考察柴火创客空间，体验年轻"创客"的创意产品，赞扬"创客"充分展示"大众创业、万众创新"活力。

9. 科技部部长万钢视察中关村创业大街

2015 年 1 月 16 日，全国政协副主席、科技部部长万钢调研中关村创业大街，并与众创空间、创业者、创业导师、投资机构代表进行座谈。

10. 众创空间指导意见出台

2015 年 3 月，国务院办公厅印发《关于发展众创空间推进大众创新创业的指导意见》（国办发〔2015〕9 号）。

11. 推动大众创业万众创新文件

2015 年 6 月，国务院发布《关于大力推进大众创业万众创新若干政策措施的意见》（国发〔2015〕32 号）。

12. "四众"平台第一次被写入国务院文件

2015 年 9 月 26 日，国务院发印《关于加快构建大众创业万众创新支撑平台的指导意见》（国发〔2015〕53 号）。

13. 首届中国创新挑战赛启动

2016 年 6 月，首届中国创新挑战赛启动。中国创新挑战赛是针对具体技术创新需求，通过"揭榜比拼"方式，面向社会公开征集解决方案的创新众包服务活动。

14. 科技成果直通车启动

2016年10月18日,全国"双创周"期间正式启动科技成果直通车暨科技成果路演活动,通过搭建展示交流平台,加速优质技术供给与有效产业需求的精准对接,建立"产学研资用"高效连接平台。

参考文献

[1] Anderson C. Makers：the new industrial revolution[J]. Journal of Design History，2014，27（3）：311-312.

[2] Belleflamme P，Lambert T，Schwienbacher A. Crowdfunding：tapping the right crowd [J]. Journal of Business Venturing，2014，29（5）：585-609.

[3] Bessant J. High-involvement innovation：building and sustaining competitive advantage through continuous change[M]. Hoboken: Wiley, 2003.

[4] Brabham D C. Crowdsourcing as a model for problem solving：an introduction and cases[J]. Convergence the International Journal of Research Into New Media Technologies，2008，14（1）：75-90.

[5] Brabham D C. Crowdsourcing as a model for problem solving：leveraging the collective intelligence of online communities for public good[D]. Salt Lake: The University of Utah，2010.

[6] Chesbrouyh H W. Open innovation：the new imperative for creating and profiting from technology[M]. Boston: Harvard Business Press，2006.

[7] Coombs R，Metcalfe J S. Organizing for innovation：co-ordinating distributed innovation capabilities[J]. Competence，Governance and Entrepeneurship: Advances in Economic Strategy Research，2002: 209-231.

[8] Doan A H，Ramakrishnan R，Halevy A Y. Crowdsourcing systems on the world-wide web[J]. Communications of the ACM，2011，54（4）：86-96.

[9] Howe J. Crowdsourcing：Why the power of the crowd is driving the future of business[M]. California: Crown Publishing Group，2008.

[10] Howe J. The rise of crowdsourcing[J]. Wired Magazine，2006，14（16）：1-4.

[11] Loreta Valančienė，Sima Jegelevičiūtė. Crowdfunding for creating value：stakeholder approach [J]. Procedia – Social and Behavioral Sciences，2014，156：599- 604.

[12] Ordanini A，Miceli L，Pizzetti M，et al. Crowd-funding：transforming customers into investors through innovative service platforms[J]. Journal of Service Management，2011，22（4）：443-470.

[13] Schwienbacher A，Larralde B. Crowdfunding of small entrepreneurial ventures[J]. SSRN Electronic Journal，2010.

[14] Zachary，Mishra R，Chandra S. Research on angel investments：the intersection of equity investments and entrepreneurship[J]. Entrepreneurship Research Journal，2013，3（2）：160-170.

[15] 阿里研究院. 平台经济 [M]. 北京：机械工业出版社，2016.

[16] 陈青祥. 众创的概念模型构建及众创竞赛的博弈分析 [D]. 合肥：中国科学技术大学，2015.

[17] 陈夙，项丽瑶，俞荣建. 众创空间创业生态系统：特征、结构、机制与策略——以杭州梦想小镇为例 [J]. 商业经济与管理，2015（11）：35-43.

[18] 程郁，王胜光. 从"孵化器"到"加速器"：培育成长型企业的创新服务体系 [J]. 中国科技论坛，2009（3）：76-81.

[19] 董桂兰，彭颖. 企业孵化器：连接知识、技术与市场的桥梁 [M]. 桂林：广西师范大学出版社，1992.

[20] 国家发展和改革委员会. 2015 年中国大众创业万众创新发展报告 [M]. 北京：人民出版社，2016.

[21] 郝琳娜，侯文华，刘猛. 众包创新模式问题分析及研究展望 [J]. 科技进步与对策，2014（22）：154–160.

[22] 胡贝贝，王胜光，任静静. 互联网时代创业活动的新特点：基于创客创业活动的探索性研究 [J]. 科技创业月刊，2016，33（18）：1520–1527.

[23] 黄国华，王强. 众包与威客 [M]. 北京：中国人民大学出版社，2015.

[24] 凯文·凯利. 网络经济的十种策略 [M]. 肖华敬，任平译，广州：广州出版社，2000.

[25] 凯文·凯利. 新经济，新规则 [M]. 刘仲涛，康欣叶，侯煜译，北京：电子工业出版社，2014.

[26] 科技部火炬中心. 走进创时代 [M]. 北京：中国科学技术出版社，2016.

[27] 李博，董亮. 互联网金融的模式与发展 [J]. 中国金融，2013（10）：19–21.

[28] 李燕萍，陈武. 中国众创空间研究现状与展望 [J]. 中国科技论坛，2017（5）：12–18.

[29] 李允尧，刘海运，黄少坚. 平台经济理论研究动态 [J]. 经济学动态，2013（7）：123–129.

[30] 林素芬，林峰. 众包定义、模式研究发展及展望 [J]. 科技管理研究，2015，35（4）：212–217.

[31] 蔺雷，吴家喜. 第四次创业浪潮 [M]. 北京：中信出版社，2016.

[32] 刘春晓. 创新 2.0 时代：众创空间的现状、类型和模式 [J]. 互联网经济，2015（8）：38–43.

[33] 刘奕，夏杰长. 共享经济理论与政策研究动态 [J]. 经济学动态，2016（4）：116–125.

[34] 刘志迎，陈青祥，徐毅. 众创的概念模型及其理论解析 [J]. 科学学与科学技术管理，2015（2）：52–61.

[35] 罗宾·蔡斯. 共享经济：重构未来商业新模式 [M]. 王芮译，杭州：浙江人民出版社，2015.

[36] 桑吉夫·戈伊尔. 社会关系：网络经济学导论 [M]. 吴谦立译，北京：北京大学出版社，2010.

[37] 苏贵光，习牧歌. 回龙观："睡城"迈入"双创"新时代 [J]. 中关村，2016（4）：40–41.

[38] 谈力，陈宇山. 广东新型研发机构的建设模式研究及建议 [J]. 科技管理研究，2015（20）：45–49.

[39] 汤天波，吴晓隽. 共享经济："互联网 +"下的颠覆性经济模式 [J]. 科学发展，2015（12）：78–84.

[40] 王达. 美国互联网金融的发展及中美互联网金融的比较：基于网络经济学视角的研究与思考 [J]. 国际金融研究，2014，332（12）：47–57.

[41] 王节祥，田丰，盛亚. 众创空间平台定位及其发展策略演进逻辑研究：以阿里百川为例 [J]. 科技进步与对策，2016，33（11）：1–6.

[42] 王胜光，郭雯，温珂，等. 创新发展政策学导论 [M]. 北京：科学出版社，2016.

[43] 王占仁，刘海滨，李中原. 众创空间在高校创新创业教育中的作用研究：基于全国 6 个城市 25 个众创空间的实地走访调查 [J]. 思想理论教育，2016（2）：85–91.

[44] 韦茨曼. 分享经济 [M]. 林青松译，北京：中国经济出版社，1986.

[45] 魏拴成. 众包的理念以及我国企业众包商业模式设计 [J]. 技术经济与管理研究，2010（1）：36–39.

[46] 吴晓波. 跌荡一百年 [M]. 北京：中信出版社，2009.

[47] 吴晓求. 互联网金融：成长的逻辑 [J]. 财贸经济，2015，36（2）：5–15.

[48] 夏太寿，张玉赋，高冉晖，等. 我国新型研发机构协同创新模式与机制研究：以苏粤陕 6 家新型研发机构为例 [J]. 科技进步与对策，2014（14）：13–18.

[49] 谢平，邹传伟. 互联网金融模式研究 [J]. 金融研究，2012（12）：11–22.

[50] 杨东，文诚公. 互联网 + 金融 = 众筹金融 [M]. 人民出版社，2015.

[51] 尹煜. 从全球视野看众创空间 [J]. 互联网经济，2015（8）：44–47.

[52] 张健，姜彦福，林强. 创业理论研究与发展动态 [J]. 经济学动态，2003（5）：71–74.

[53] 张九庆. 众创空间的空与实 [J]. 中国科技论坛，2017（1）：1–1.

[54] 张利斌，钟复平，涂慧. 众包问题研究综述 [J]. 科技进步与对策，2012，29（6）：154–160.

[55] 张铭洪，杜云. 网络经济学教程 [M]. 北京：科学出版社，2010.

[56] 张向东. 自主性社区空间的内生机制形成研究：北京市回龙观社区的实践启示 [J]. 社会主义研究，2010（2）：63–67.

[57] 张晓霞. 众包与外包商业模式比较及其启示 [J]. 商业时代，2010（16）：18–20.

[58] 张志宏，杨跃承. 孵化器的中国实践 [M]. 上海：上海科学普及出版社，2015.

[59] 张志宏，翟立新，等. 中国创业孵化 30 年 [M]. 北京：科学技术文献出版社，2017.

[60] 赵夫增，丁雪伟. 基于互联网平台的大众协作创新研究 [J]. 中国软科学，2009（5）：63–72.

[61] 赵夫增，王胜光. 世界互联中的创业生态系统 [J]. 中国科学院院刊，2015，30（4）：549–558.

[62] 赵夫增. 互联网时代的在线社区生产模式研究 [J]. 科学学研究，2009，27（4）：546–553.

[63] 赵科源，于锦雯. 股权众筹助推大众创业万众创新 [J]. 理论视野，2015（9）：71–73.

[64] 郑巧英，朱常海. 国家高新区“三次创业”主题文章之八众创空间的概念、运作机制与发展建议 [J]. 中国高新区，2015（8）：132–137.

[65] 朱常海，陈伟. 国家高新区众创、众筹与众包平台发展研究：基于全国 19 个省市国家高新区的调研数据 [J]. 中国高新区，2016（12）：177–183.